〈性〉なる家族

信田さよ子
SAYOKO NOBUTA

春秋社

はじめに

ふりかえってみれば、親子、夫婦、暴力（DVや虐待）、お金、アディクションなど、切り口は異なるが、ずっと家族について考え、それを書いてきた。
開業心理相談の現場で、日々来談者（クライエント）と個別に、時にはグループカウンセリングの場で向かい合うことから生まれる言葉を大切にするよう心掛けてきた。それが枯渇するかどうかが私にとっては一種のサインなのだ。目の前に存在する人たちとつながった具体的な言葉かどうか、書くたびに多くの人の顔や言葉が浮かんでくるかどうか。その問いによって私はこのように書き続ける意味があることを、なんとか確認しているのである。

思想的高みに昇りつめ、抽象化したり、先人の系譜に連なる学派の立場に立つのでもない。そんな私の位置取り（ポジショナリティ）を「ドローン」にたとえたい。地面すれすれに飛び地上の植物の枝葉をくっきりと映したかと思うと、すっと上空に浮かび上がり、手の届きそうな高度から林の全景をとらえる。些末とも思える絡み合った現実を、高度を上げることによってメタ的視点からとらえ、再び個別・具体的地点に帰還する。あくまで現場から出立するという分をわきまえつつも、そんな自在さにあこがれてきたのである。私の身体は地上に縛り付けられているが、カウンセリングにおける意識はドローンのようでありたい、そう思っている。

そんな私がはじめて「性」の問題に取り組もうとしたのが本書である。日々のカウンセリングで性の問題が取り上げられることはそれほど多くはない。もちろん、それに特化したカウンセリングも日本では存在するが。

家族の問題の中で、もっとも忌避されてきたのが実は性の問題だった。そこに触れずとも生きられるし、あたかもそれがないかのように日常生活を送ることはできる。そのため家族におけるジェンダーや性差別、それにまつわる力関係は温存されてきた。秘されたぶんだけ修正される機会がなく、時代がくだっても、家族間、つまり父・母・子の三者の間において、「当たり前」がそれぞれ異なるということが指摘されずにきたといえよう。

先日亡くなった橋本治は「『当たり前』が大問題になる」というタイトルで以下のよう

に述べる。

　セクハラという事例の不思議なところは、やる方にその自覚はなくて、やられる方だけが「セクハラだ」と感じるところである。やる側は、「男性優位＝自分優位」が当たり前になってしまっているから、その対象となった相手が「被害」を訴えるということが想像出来ない。その行為を成り立たせる一方が「自分の優位性」を当然の前提にしてしまっているから、「被害」を受けてしまった側は、そう簡単に「被害」から抜け出せないし、立ち上がることも出来にくい。

（中略）

する側に自覚のない行為は、される側だけに不条理を一方的に引き受けさせてしまう。セクハラが従来の性犯罪と一線を画すのはここのところで、問われるのは、行為の犯罪性や暴力性ではなくて、「当たり前」の中に眠っている「バイアスのかかった歪《いびつ》な優位性」なのだ。

（『父権制の崩壊　あるいは指導者はもう来ない』朝日新書、二〇一九）

上記を少々補足すれば、DVも虐待も、従来「当たり前」と夫や親が考えてきたことが、される側にとっては一方的な不条理だったことを明らかにし、それを犯罪・暴力と再定義して生まれた言葉なのである。そのことを私は一七年前に『DVと虐待』（医学書院、二〇〇二）で明らかにした。

セクハラは、職場や電車の中といった閉ざされた公共空間における「歪つな優位性」（主として男性にとっての「当たり前」）の発露なのであり、やる側に「加害者意識」などない。同じことが、性虐待にも通じる。

DVや虐待については防止法ができてから二〇年近く経つあいだに、少しは人々の意識も変わったと信じたい。もし変わったとしたらそれは、相変わらず修正されずにいる「当たり前」、つまり男性における「バイアスのかかった歪な優位性」の発露が問題視される土壌ができたということだろう。#MeToo ムーブメントの広がりは、そのことを表している。

家族における性の問題を取り上げようと思った大きな理由は、「当たり前」には複数性があること、そして男性（父、兄など）の当たり前が時には女性（娘、妹など）にとっての理不尽な経験を生むということを伝えたかったからである。後者に母を入れるかどうかは、結婚し親になるにつれ、彼女たちの当たり前が男性と齟齬《そご》のないように同化し変化していくかどうかにかかっているだろう。

明らかな暴力を告発するのは簡単である。しかし社会に埋め込まれた、それこそ文字ができてからずっと当たり前とされてきたことを、もっとも親密である関係=家族に軸足を置いて、当たり前でないと感じる立場から描く必要がある、そう思ったことが本書の最大のモチベーションとなった。

第1章は主として性虐待について、第2章は夫婦のあいだの性について、第3章は性加害をめぐる状況について、第4章はトラウマについて、そして家族と国家の性暴力の相似について述べる。家族における性の問題は、日常性を支える深い部分で大きな役割を果たしているのだが、ほとんど表面化することはない。カウンセリングの経験にもとづいて、この問題についてさまざまな角度から、さまざまな関係をとおして述べてみたい。大きすぎるテーマにも思え、掘り下げが不十分なところもあるが、今論じなくてはならないと思うことを盛りこんだ。

性虐待、ジェンダー、セクシュアリティといった性にまつわる問題は、家族の基盤に在りながら、意図して裂け目をつくらなければ、視野には入らない。しかし、そこから見えてくるものこそ、家族の未来を考えるために欠かせないのではないか。そのような思いに駆動されて本書をしたためよう。

〈性〉なる家族

目次

第2章 家族神話を生きる妻

〈性〉なる家族

第1章

性虐待の背景にあるもの

娘が「かわいい」と語る父親

ここでは、主として子どもへの性虐待（近親姦）の加害者について述べていこうと思う。私にとって、彼らは大いなる謎に満ちた存在だからである。書くエネルギーを与えてくれるのは、カウンセリングで、またさまざまな機会にお会いする女性（時には男性）の存在だ。家族という密室の中で、比較や相対化の機会も与えられずにひっそりと経験を封印するしかないと思ってきた人たちの話を私が書くことで、少しは陽の目を見ることになるかもしれない、「闇」という言葉によって虐待の中でも隠蔽され蓋をされがちだった性虐待の実態を言葉にして多くの人に周知してもらいたい、そんな代理走者的で不遜な欲望がないと言えば嘘になる。

やや緊張した面持ちで、A氏は私のまえに座った。仕事を抜けてきたらしく背広姿だが、少し不調和な色彩のネクタイがくたびれた雰囲気を漂わせている。

四〇代半ばの彼は、妻が息子と娘を連れて家を出てしまい途方にくれている。離婚を避けるために、とにかくカウンセリングに行ってほしいという妻の意向に沿って来談したのである。

「ほんとにいけないことをしたと思っています」「心から反省しています」

開口一番そう言うと、A氏はふかぶかと頭を下げた。このような切り出し方は定番すぎるほどだから、正直またかという感じである。痴漢行為で逮捕され、示談や和解の条件として、再犯防止や被害者への謝罪の意思表明のひとつとして、カウンセリングに訪れる男性は多い。弁護士からの紹介がほとんどである。とにかく反省している姿勢を見せなければという彼らは、このような言葉をまっさきに口にするのだ。もちろん彼らはそれなりに切実だからこそ、カウンセリング料金を支払ってまで開業心理相談機関を訪れるのである。

臨床心理士という資格は「こころの専門家」であることを謳っている。しかし近年その仕事の範囲は広がり続けており、精神科医療はもちろんのこと、福祉や教育、さらにはコミュニティケアにおいても活動が期待されている。虐待やＤＶ（ドメスティック・バイオレンス）の問題にももちろん関わっており、その中でこのような加害者を対象としたアプローチを行うことを「加害者臨床」と呼ぶが、その名のとおり司法領域に近接している点で、未だ少数派である。加害・被害という二項対立的パラダイムは、司法特有のものだろう。私がこのような視点に接近したのは、もともとアルコール依存症の夫から殴られている妻たちに数多く出会っていたからである。

「あの子にも未来が」

A氏は時間が経つにつれて、私の態度がそれほど処罰的ではないことがわかって、少しずつリラックスして口調が滑らかになった。彼の仕事が教師であることが納得できるような語り口で、よどみなく、娘である一四歳のマキさんとのこれまでの歴史を饒舌なほどに語ってくれたのである。

「かわいい子でしたよ、妻に似て目が大きくてね。同業者だった妻と再婚したとき、マキは小学二年生でした。連れ子という気がせず、ほんとうの子どものようにかわいがったものです。一年後には実子である長男のアキラが生まれましたが、二人に同じように愛情を注ごうと努力しましたし、マキも弟のことをかわいがっていたと思います。買い物や掃除などをすすんで手伝いましたが、どちらかというとマキは僕が担当、まだ手がかかるアキラは妻が担当といった分担がいつのまにかできていました」

「小学校高学年になるとマキの成績が下がってきて、妻が焦り始めました。塾にも行かせたんですが、あまり勉強が好きじゃないマキを見ると、なぜかそれが僕のせいになるんです。あなたが親身に勉強をみてあげないからだと責められましたので、小六になってからは塾のない日は、毎晩八時から一〇時まで僕が勉強をみることにしたのです。それは妻の希望でもありました」

　こうしてマキさんは父親であるA氏と、勉強部屋で二人きりの時間を過ごすことになった。マキさんの立場からは、おそらく次のような経験だったろう。

　ある晩のこと、なんどやっても計算ができないことにイライラした父親が、ノートに正しい数式を書くために、自分が座っている椅子のうしろから、肩越しに覆いかぶさってきた。熱い息遣いが聞こえるほど近づいてくる父親を避けようとしたが、うしろからまるで羽交い絞めにされたように身動きがとれない。父親のひげがほほにチクチクあたって思わず「痛い！」と小さい声で叫んだ。それに驚いたかのように飛びのいた父親は、狼狽したような表情で左手で自分の股間をおさえている。

自分が痛いって言ったせいで不思議な恰好をしているんだ、そう思ったマキさんは、「ごめん、だってパパのひげが痛かったんだもん」とあやまった。

父親はそんなマキさんに怒るどころか、やさしく、少し笑みを浮かべながら、「いいんだよ、マキ」といいながら再び身体を寄せて、自分の左手で覆っていた部分にマキさんの右手をあてがった。硬くて熱くて、まるで別の生き物がそこに隠れているようだった。

数回のカウンセリングのなかで、A氏は娘のマキさんに対して行ったことを率直に語った。自分の性器に触れさせながら、マキがかわいいと思うとこうなるんだよ、と説明したことも。

「最初はずいぶんびっくりしてましたが、嫌がることをしたわけではありません」

「たぶん、マキは二人の秘密を楽しんでいたんじゃないでしょうか」

「でも、ちゃんと勉強を教えることもしましたので、鶴亀算などはよく理解できるようになりました」

少しずつ秘密の行為はエスカレートしていき、A氏はマキさんの下着を脱がせて、性器に触るようにもなった。禁じたわけでもないのに、マキさんはそのことを決して母親には語らなかった。

六年生の冬、マキさんに初潮が訪れた。

「ねえ、マキに生理がきたのよ、あの子も成長したわ、お赤飯は炊かないでくれって言うからやめにするけど」

いたずらっぽい顔で妻は、小声でA氏に告げた。それを境に、A氏はマキさんとの秘密の行為をきっぱりとやめたのである。その理由はこうだ。

「だって先生、マキが女になったんですよ。一人前の女性にそんなことできません」

さすがに意味不明だという表情を隠しきれなかった私に向かって、A氏は少し自慢げにこう言ったのである。

「あの子にも未来があります。だから、最後まではしてません。あの子の身体はきれいなままなんです」

では、どうしてこのことが露見するに至ったのだろう。

受験校すべてに落ちてしまったマキさんは、近所の公立中学校に入学した。部活動に熱心に取り組み、学校生活に適応しているかに見えたが、夏休み明けからどんどん帰宅時間が遅くなっていった。最初は部活だと説明していたが、担任に問い合わせたら、数人の仲間といつもいっしょに遊んでいるらしいことがわかった。教師としての経験から頭ごなしに叱ることは効果がないと知っていたA氏と妻は、マキさんの帰宅を待って冷静に話し合おうとした。ところが質問に答えるどころか、マキさんは横を向いたまま一言もしゃべらない。娘の想像以上に反抗的な態度に、思わずA氏が「ふざけるんじゃない！」と怒鳴りつけてしまった。

その瞬間、マキさんが発したのは、思いもかけない言葉だった。

「てめー、私に何をしたんだよ！」

「勉強教えながらやったこと、ぜってー忘れねえからな！」

A氏も、そして妻も、当のマキさんも、その言葉の衝撃に打たれたかのようにしばらく沈黙した。いったいどれくらいの時間が経ったのだろう、口を開いたのは妻だった。少し青ざめていたものの、動揺を隠すかのように、しっかりとした口調で言った。

「私に全部説明してください。いったい何をしたのか、あなたの口から私にだけちゃんと説明してください」

この夜から二日経った日曜、妻はマキさんと長男を連れて、家を出た。娘の叫ぶような、吐き出すようなあのひとことで、妻はすべてを理解したのだ。再婚した夫が、連れ子である娘にやったことが性虐待と呼ばれる行為であると妻は直感した。

そんな夫と夫婦として暮らしていけるはずがない、もっとも許せない行為をした人と家族でいることは無理だ、そう判断して行動に出たのである。

ブラックボックスの中の記憶

衝撃的な内容かもしれないが、子どもの虐待にかかわる専門家のあいだではこういう事例はそれほど珍しくない。

性虐待に関しては、典型的な誤解がある。まず、性虐待を「近親姦」とも呼ぶが、近親相姦ではないことを強調したい。「相」という相互性を意味する言葉が入ることによって真実が隠されてしまうし、そもそも子どもを対象とする性行為に相互性など存在しないからだ。これについては後述する。さらによくある誤解は、A氏同様、性行為（レイプ）がなければ性虐待にはあたらないというものである。後の節で詳しく述べるように二〇一七年の性犯罪の厳罰化を伴う刑法改正によって、これは明らかな犯罪となったことを知ってもらいたい。しかし、実況見分のように行為にだけ焦点を当てればそれで済むというものではない。マキさんは、父親と別居するようになってから、リストカットをしたり、解離状態を呈するようになった。このように性虐待の影響は、長期にわたる問題行動や症状となって出現することも知ってもらいたい。

マキさんはおそらく、中学校で異性と交際するようになり、初めて自分の経験の意味を知ったのだろう。多くの性虐待は、誰にも言えない秘密の行為として、名前の付けられない記憶として残っている。なぜなら多くの加害者（父、兄、弟、祖父などの男性、時には母、姉）は「かわいがる」こと、「愛情」の表現としてそれを行うからである。彼女たちは「かわいがられた」と思わなければならず、そう思えない自分を責め、時には秘密を共有することに誇りとわずかの快楽さえ覚えることで、その記憶を否認しながら生きる。いや、否認というよりブラックボックスに入れるといったほうがいいだろう。そしてある日、何かのきっかけにより、性虐待という名前が浮かんできて、ブラックボックスに入れられた記憶と合致するのである。

沈黙をやぶる

カウンセリングで出会う多くの被害女性たちは、自らの奇妙な経験を母親に告げることなど、考えられなかったと言う。その最も大きな理由は、「叱られるのが怖い」からだ。何とか繰り返される行為を止めたくて思い切って訴えたとしても、「あんたが悪い」「あんたが誘ったんだろ」「嘘をつくなんて怖い子だ」と責められるか、いっさい聞こえないふりをされ無視されることが多い。

これを性虐待の二次被害と呼ぶが、おそらく妻（母親）たちは、あえてそのような残酷な態度をとっているわけではないだろう。夫が娘を性の対象としたことは、妻である彼女たちを傷つけたに違いない。その衝撃が、娘への冷たい態度の根底にあるのではないか。

マキさんの母親のとった行動は、珍しいとすら思える。迅速で明快な決断は、特筆すべきだ。A氏は、来談時に離婚の危機に瀕していたが、言い換えれば、妻の揺るがない判断によって、娘への性虐待加害者であるという自覚を持てたのである。世の中には、同じような性虐待を行っていても、娘がずっとそれを抱えて沈黙を守ることで、誰にも知られずに、「ふつうの父」として生涯を全うする人もいる。勇気をもって娘が母に訴え、たとえ父に対して抗議したとしても、妻が怒りと絶望を否認せずに実力行使（別居・離婚）をしない限り、同じく曖昧にされて事態に蓋をされたままで終わるだろう。

何食わぬ顔で過ごす加害男性に比べて、A氏ははたして不運で不幸だったのだろうか。私にはそう思えないのである。「被害を受けた」とつきつけられることは、加害者であるという自覚を強いられることである。同じような行為を娘に行っている男性は数え切れないほど存在しているはずだ。彼らは当たり前の範疇内とそれを位置づけている。おいしいうなぎを食べたというのと同じ程度の重みしか持っていないはずだ。A氏は違う。責任を追及され、応答を求められた。苦しいことに違いないが、それは、言い換えればA氏は「人間」として扱われたことを意味する。娘を自らの性的欲望の対象にするという行為に対して、何の責任も問われることのない男たちがいる一方で、人としての責任を問われたこと。それは人間扱いされたということではないだろうか。つらく苦しく感じること、そのことが人間である証明なのだから。

少女が支える家族

実はこれまで性と暴力の関係を書こうと試みて失敗したことがある。一〇年以上前、別の出版社から連載を依頼されて、かなりがんばって書いたのだが挫折した。今でも申し訳ないと思っているし残念だった。また、性暴力関連の映画の評論を頼まれた時は、どうしても送ってもらったＤＶＤを観ることができず、やはり挫折してしまった。本書を書くにあたって、どうしてもこの二つのエピソードには触れておかなければならない。

私はなぜ挫折したのだろう。たぶん、性暴力について書くということは、被害・加害の明快すぎる二分法が否応なく適用されるということだ。そして、書くほうも、読むほうも、被害者の立場に立つことが当然視され、そうでなければ人間ではないと暗黙に非難されることになる。

それはポリティカル・コレクトネス（いわゆるポリコレ、ＰＣ）とも言えるが、もっと根源的な何かを表しているはずだ。多くの性暴力関係の著書や言説が、声高に加害者を断罪し被害者に責任はないと訴えるものになるのは、ＰＣ的判断が不可欠だからだろう。そして残念ながら、そのわかりやすさや二分法が多くの人々の関心を低めることになってしまう。

職業柄かどうかわからないが、断罪することがどうにも苦手だ。たしかにひどいと思うが、その直後から「正義は我にあり」という態度への嫌悪感が湧いてくるのだ。白黒がはっきりしているかに見える性暴力について、白＝正義と断定できない面を記述するのは極めて難しい。それに圧倒的に被害者は女性が多いと今のところは考えられているため、記述が加害者＝男性、被害者＝女性として固定されがちであり、ついつい女性が男性を断罪するという筆致になってしまう。一〇年以上前の挫折は、このような理由からだったのでは、と今になって思う。

社会が性を規定する

レイプのような性暴力を描く映画を観られないのは、それが悲惨すぎるからとか残酷すぎるからとかいうのが理由ではない。あの「結論が見えてしまっている」感が、たまらなく空虚なのである。見たところでどうなの？　と思ってしまう。性暴力に至るプロセスの悲惨さも残酷さも十分わかっている、あえて映画で観なくてもいいのでは、という感じになるのだ。

それに性暴力という言葉に関心を抱く人たちは、少なくとも自らの行為や経験に対していささかの自覚を持っている人だろう。でも圧倒的多数は関心など持たない。この絶望的な差異を考えると、無力感に襲われ、状況はどうせ変わらないだろうという諦念すら抱いてしまうのだ。

性暴力に関して、ＰＣという言葉を使った。でもこれは果たしてポリティカルなことなのだろうか。

ここでいう「ポリティカル」を政治的と訳すと、誤解を招く。私自身がもっともしっくりくるのは「力関係による」という訳語である。ミシェル・フーコーは、性と権力を初めて正面から扱って研究した哲学者である。私の拙い解釈によれば、フーコーの『性の歴史』は、性的嗜好・指向がどのように国家によって統制され、正常と異常に分断されてきたか、性というものがどのように国家権力によって飼いならされ、「正常化」されてきたかについて著した本だ。フーコーが指摘するように「本能」とされる性行動も、実は力関係（ポリティカル）によって構築されてきたことは、多くの人たちによって共有されるべき点だろう。

また上野千鶴子も『発情装置』（筑摩書房、一九九八）で、私たち（男性も女性も）が何に発情するかは、きわめて社会的歴史的に構築されていることを指摘している。なかでも印象に残っているのが、かつて日本の男性は女性の乳房に発情しなかったという説だ。江戸時代の日本では女性が乳房を隠すことなく、夏などは上半身裸で平気で街を歩いていたという。

では、いつからブラジャーで乳房を隠すようになったのだろう。帝国劇場の舞台で一九一三年、松井須磨子が「サロメ」を演じたときからだというのが定説になっている。そうやって隠すことで、男性にとっては乳房が性的対象になったというわけである。

男性の性欲がどのように構築され変貌してきたかを示す好例だと思う。巨乳や胸の谷間に性的な興奮を覚えるようになった歴史は、たかだか一〇〇年ということになる。

出生率と不妊治療

このように性欲が社会的に構築されたのであれば、性被害や性暴力といった概念の歴史はもっと短いのではないか、という指摘もあるだろう。そのとおりである。

それに対するヒントを挙げてみよう。政治や社会の変動を予測し、それが的中したことで話題になったエマニュエル・トッドについて、鹿島茂の著書（『エマニュエル・トッドで読み解く世界史の深層』ベスト新書、二〇一七）を参照してみる。

トッドの主張は次のとおりである。国家の動向や趨勢は家族システムによって推測できるが、それとクロスする重要なポイントは女性の識字率である。それが五〇パーセントを超えると、出生率の低下が起きる。いっぽうで、成人男性の識字率が五〇パーセントを超えると、革命や暴動が起きる。アフリカは成人女性の識字率が五〇パーセントを切っているので出生率が高いままなのだと。

識字率は、言語と知識の獲得度を表す。二〇一九年に来日した、ノーベル平和賞を受賞したマララさんは、一貫して「女子が教育を受ける権利」を訴えつづけている。女性たちは知識と言葉を獲得することで、価値観や自己意識を確立するのだ。そして、自分の人生を左右する出産の主導権も獲得しようとする。選択の余地なく妊娠し、産めるだけ産んで、それが終われば死ぬだけという人生に疑問を抱くのも当然だろう。日本政府が躍起になって出生率の上昇を図っているが、子どもを産みたいと思えるように女性の生き方を支えるという視点がなければ、政策的に実を結ばないはずだ。トッド説によれば、すべて説明がつく。

さて出生率は、性行為のひとつの結果である。当たり前であるが、妊娠・出産は女性の身体をとおして起き、それによって人類は存続してきた。自らの命を懸けた妊娠・出産の主導権を女性が握りたいと思うのは不思議ではない。そこには望まない妊娠・出産を拒否したいという意志も含まれる。

しかし、女性が主体の避妊や中絶といった行動に対して、日本の政治は冷たい。バイアグラの認可に要する時間と、避妊薬ピルのそれとを比較すれば一目瞭然である。中絶については欧米では比較的安全な手術方法や薬があると言われるが、日本では相変わらず危険な搔把《そうは》術が主流である（一説によれば、産婦人科医の収入源確保が背後にあるという）。

二〇一六年四月より、不妊治療の費用を保障する不妊治療保険の販売が解禁された。金融庁から促されたもので、そこには出生率を上げたいという思惑が働いているようだ。それを受けて日本生命をはじめとする民間保険会社が不妊治療保険を発売した。中絶に相変わらず苦痛が伴い、多大なお金がかかるにもかかわらず、それに対する援助はしない。一方で不妊治療には保険を適用するという政府の姿勢が何を意図するかは明瞭だ。

国家と家族の足下に

レイプがもたらすもっとも悲惨な事実が、妊娠である。二〇〇六年ベルリン映画祭で金熊賞を獲得した『サラエボの花』という、女性監督ヤスミラ・ジュバニッチの映画がある。ボスニア・ヘルツェゴヴィナの紛争においてセルビア人勢力の兵士にレイプされて妊娠した女性が主人公だ。レイプは組織的に行われ、妊娠した捕虜の女性を中絶できない月数に達しなければ解放しなかったという。その悲劇を一〇年以上経ったサラエボを舞台に描いたものである。

また、二〇一七年の八月に放映されたＮＨＫドキュメンタリー「告白――満蒙開拓団の女たち」（ＥＴＶ特集）は、別の意味で戦争と性を描いて話題になった。日本の敗戦によって、満蒙開拓団の人たちは中国人に襲われる事態に陥った。その際、助けを求めたソ連軍に、見返りとして未婚の女性による「接待」を求められる。悩んだ末に少女たちをソ連兵に差し出した人たちと、「接待」を開拓団のためにと引き受けた女性たちの経験談が語られる。女性たちはもう九〇歳近い。死を間近にして初めて語るその告白は、視聴者から多くの反響を呼んだという。「洗浄役」を引き受けた女性の体験も語られるが、それでも不幸にも妊娠した女性が多くいた。博多には、引き揚げてきた女性の中絶を請け負う産婦人科医もいたという。

戦争には男同士の戦いばかりではなく、必ず敵国の女性に対するレイプや、人身御供的な女性提供が組み込まれている。従軍慰安婦の問題が日韓関係の大きな懸案事項であることは言うまでもない。

国家間の戦争において、死しても戦没者として名前を刻まれず、生きながらえても、墓場まで沈黙を貫き通した女性たちがいた。しかしそれは、どこか私にとってデジャブなのである。

家族という逃れようもない集まりにおいて、物言わず苦しむ女性たちがいる。腕力において勝り、経済力でも有無を言わせない父親が、帰宅すると母親に暴力をふるい、息子にも殴る蹴るの暴力をふるう。兄は両親がいないところで妹を殴る。そして、就寝前に妹のベッドに入り、のしかかる。何事もない平穏な日常生活を送っているように見える父たちが、六歳になったばかりの娘と毎日入浴し、性器を触る。少女たちは、その体験をどのように名付けたらよいかわからないまま、恐怖と不安と得体の知れなさを感じながら、それを母に伝えてはいけない、時には伝えても無駄だと思いながら成長する。

多くの女性たちからそんな少女時代の記憶を聞かされるたびに私が思い浮かべるのは、奈良の法隆寺の四天王像が踏みつけている邪鬼の像だ。それは少女ではないが、私にはすべてを懸命に支えている少女の姿に見える。多くの家族は、父（時に母）という大黒柱によって支えられているのではない。父から母へ、母から娘へ、兄から妹へというように力の行使・抑圧の移譲が行われ、その末端には少女がいる。家族の中でもっとも小さく非力な存在である少女は、まるで組体操のように上部を支えるしかない。誰にも頼れず、誰も信頼できず、時には飼っている猫や犬としか気持ちを通わせることができずに少女たちは生きていく。

ポリティカルとは力関係のことを表すと述べたが、物言わぬ女性（それも小さく非力な少女）によって、根っこの部分で必死に支えられていることを実感するたびに、家族ほどポリティカルなものはないと思わされる。

家族も、そして国家も、基底において女性を性的に支配し、時には所有することで成り立ってきたという側面を無視することはできない。家族と国家が、ともに女性たち（少女たち）によって支えられているという点において、オーバーラップして見えてくるのである。

加害者は語れるか

二〇一七年七月一三日は多くの女性たちにとって忘れられない日となった。明治四〇年に制定された強姦罪と呼ばれた性犯罪に関する刑法が一一〇年ぶりに改正されて、新たに強制性交等罪として施行された日なのである。消費税改正のように日常生活にすぐ反映されるわけではないが、この法律がそれほど大きな意味をもつのはなぜなのだろう。法改正のポイントをまとめよう。

①性別を不問にした：強制わいせつおよび準強制わいせつの罪では、男女ともに被害者となるが、強姦・準強姦罪は女性器に対する挿入を前提としていたために、男性への被害は対象外とされてきた。改正では、強制性交等罪は男性も対象とするようになった。

②厳罰化：これまでは三年以上の懲役だったのが、五年以上の懲役となった。これはたかだか二年増えたということを意味するだけではない。五年になったということは執行猶予

の可能性が原則なくなり、基本的に実刑が課せられることを意味する。
③家庭内の性虐待への処罰：改正前は一三歳以上の被害者を対象としており、親から子への性虐待は処罰の対象とされていなかった。本改正によって「監護者わいせつ罪」と「監護者性交等罪」が新設されることになった。そこに「監護する者であることによる影響力があることに乗じて」という表現が用いられていることに注目したい。従来の性犯罪が加害者による「暴行または脅迫」、被害者の反抗という図式を前提としていたが、親（監護者）による性虐待はそもそも拒否が困難でありその前提に当たらない。また影響の深刻さから考えても、今回の改正は必須であったと思われる。
④非親告罪化：親告罪は、被害者の告訴がなければ起訴できないものである。強姦罪は親告罪とされてきた。理由は被害者のプライバシー保護のためとされたが、多くの事案において、起訴されないように被害者にアプローチをすることで（示談にもちこむなど）、不起訴処分とされる可能性もあった。不起訴になれば前科はつかず、加害者はこれまでどおり暮らすことができたのである。しかし非親告罪化によって、被害者がどうであろうと必ず起訴されることになった。

性犯罪に果たして時効はあるのか

長年性犯罪事案にかかわってきた弁護士らは、この四点の改正を厳罰化というより、適正化であると述べる。つまりこれまでがあまりに加害者に対して甘すぎたからだ。たとえば②において、その可能性は低いもののぎりぎり執行猶予がありうる状況をつくるために五年以上にされたのだろうが、厳罰化の視点から言えば、もっと厳しくてもいいだろう。

明治のままだった刑法の大幅改正だが、そこには積み残された課題がいくつもある。ひとつは時効の問題である。これを「公訴時効」というが、刑事事件の場合、公訴時効期間は、強制わいせつは七年、強姦の場合は一〇年である。

たとえば子どもの頃に父親から性虐待を受けた女性の場合、さまざまなPTSDなどの症状を乗り越えて親を告訴できるまでに、すでに二〇年を経過していることがほとんどである。現行のままでは余りに短かすぎて、加害者は法的には何の罪にも問われないことになる。諸外国、たとえばイギリスでは性犯罪に対して時効がないし、フランスやドイツでは時効を性犯罪では被害者が成人するまで停止し、成人後から数えるようになっている。

もっとも大きな課題は「暴行・脅迫要件」である。これは、被害者の反抗を著しく困難にならしめる程度の、加害者からの〝暴行又は脅迫〟があったことが証明できなければ、罪に問えないことを表す。二〇一九年三月には、実の娘に対する準強制性交罪に問われた父に対して、名古屋地裁において「被害者が抵抗不能な状態だったと認定することはできない」として、求刑懲役一〇年に対し無罪が言い渡された。怖くて動けなかったり、もう何をしてもダメだと無力感を抱いていても、それは抵抗しなかったことになる。激しい抵抗だけが暴行・脅迫を証明するという法律がある限り、加害者が無罪になる状況は変わらない。日本の性犯罪に関する状況はまだまだ被害者にとって過酷なままである。三年後（二〇二〇年）の一部改正時には、ぜひとも時効に関して、性犯罪では時効撤廃、もしくは被害者が成人するまでの停止を実現してほしい。そして「暴行・脅迫要件」を見直してもらいたいと願う。

人身御供としての少女

カウンセリングで出会う性虐待の事例は、ほとんどが回想として語られる。多くはその他の虐待とセットになっているので、それだけが突出して語られることは珍しい。怒鳴る、殴る、蹴る、罵倒する、といった父親の行為の陰で、ひそやかな目立たない記憶として語られるのである。

想像以上に多いのが、父親からPCやスマホでAVやエロ動画を見るよう強要される例である。一〇年以上前は、学校から帰ると三交代勤務の父親が居間でレンタルのAVを見ている、父親の机の引き出しに通販で購入したAVがごっそり入っている、至るところにエロ雑誌が散乱している、といった記憶が語られることが多かった。インターネットが一般化してからは、ネットでダウンロードした動画をいくらでも見ることができる。その結果、父親は、娘をPCの前に座らせて動画を見せ、戸惑う娘の顔を見て喜んだり、真似をさせたりして楽しむようになったのである。

直接身体に触るわけではないので、このような性虐待はしばしば見逃されがちだ。しかし、毎日のように、性行為をPCやスマホで見せられ、しかもそれを楽し気に父と共有することで「いい子」として認められるのだ。日常の「子ども」であるそれ以外の現実と、父との世界をどのように共存させればいいのだろう。そのような子どもたちは、しばしば解離を起こす。両立できない二つの世界を抱え切れず、別の世界に居るようにぼんやりしてしまうのだ。子どもの解離は、被虐待児において珍しくない。原因不明の子どもの自殺が起きると、いじめが疑われたりしがちだが、解離によって、何が現実かわからなくなり、フワフワした感覚でマンションから飛び降りることも起きるのではないか。

カウンセリングに訪れたある女性の話をしよう。

三〇歳を目前にしたマリさんは、小学校五年生になって第二次性徴期をむかえたころから、公務員である父親からAV動画を見せられていたと語った。晩酌をしながらの食事を終えると、父親は居間にあるPCのそばに手招きをする。拒むという選択肢はそこにはなかった。言われるままに座ると、酒臭い息が背後から覆いかぶさってくる。父がPCを操作しながら「ちょっと新しいのをダウンロードしたから」と嬉しそうな声で言うので、マリさんは父の機嫌を損ねないように歓声を上げるのだった。

「どうだ、マリも大人になったらこんなことするんだぞ、いいか」

「えぇーっ、ムリムリ！」といやがると、父はもっと嬉しそうにはしゃいで「ほらほら、凄い声だろ」と言う。

母親は、いつものことだ、という顔をして、黙って食卓を片付けている。兄と姉は、うんざりした顔で自室に退散する。

彼女の記憶の中では、ほんとうにいやだったのか、それとも楽しいできごとだったのか、父親はなぜあんなことをしたのかがすべて未整理のままだった。いやだと思う自分がわがままなのだ、父親は末っ子である自分を溺愛していたからあんなことをしたのだ、と思い込んできた。

カウンセリングで、彼女はいくつもの父親の記憶のひとつとして語ったが、私はそれは性虐待であると告げた。

溺愛という言葉は、親（中でも父）の行為を正当化するために便利に用いられることが多い。父親の都合のいい独占や思い通りに娘を扱いたいという心情がしばしば「愛情」と読み換えられ、それが激しくなれば「溺愛」とされる。だからマリさんは父の行為を「溺愛」として認識することで、なんとか自分の混乱する感情と整合性を保ってきたのである。

世間的にはエリート公務員で、立派なお父さんと言われる人だったので、母も兄・姉も、外では父のことを悪く言わなかった。まるで黙契《もっけい》であるかのように、次女であるマリさんもそうした。誰も家族に君臨する父に抵抗できず、猛獣のような父親に気を遣い、刺激して怒りを暴発させないように暮らしていた。マリさんが一番のお気に入りであることは皆が知っていた。だから、父の言うがままにAV動画を視聴して顔を赤らめ、風呂を覗かれれば嬌声をあげて水を掛け、廊下ですれ違いざまに膨らみかけた乳房を揉まれれば口を尖らせて「パパったら〜」と笑うことにしていた。そうすれば父の機嫌は良くなり、家族が丸く収まることを知っていたからだ。「まあ、家族全員の人身御供だったわけですね」とマリさんは語るのだった。

謎のままの加害者

父親のこのような行為が、新設された監護者わいせつ罪にあたることは間違いない。子どもが憎いからあんなひどいことをするのだという理解は、虐待に対する無知・誤解の典型である。親は子どもを憎いのではない。子どもは自分の思い通りになるはずだと思っており、そうならないから彼ら自身が傷つき、そして傷つけた子どもに対して怒るのだ。

では性虐待はどうだろう。マリさんの父親は娘が「かわいい」のである。では、眼の中に入れても痛くないと思うがゆえに決して娘に対して性的な侵襲を行わない父親と、マリさんの父親との分岐点はどこにあるのだろう。性的興奮をおぼえることと、かわいいと思うこととの区別はどこにあるのか。時々、YouTubeに「娘とキスをしました！」というコメントとともにアップされる画像がある。彼らは「こんなに娘をかわいがっている僕を見て！」と思うから動画をアップするのだ。しかし、執拗に一、二歳の娘と唇を合わせ抱きしめる父親の姿に、危ういものを感じてしまうのは私だけだろうか。多くの小児性愛者は、自分の子どもを対象にしないと言われるが果たしてそうなのだろうか。

これらの疑問に対する一番確実な答えは、当事者の説明によって与えられるはずだ。「かわいがる」快楽に満ちた行為がゆめゆめ罪になるとは思いもしなかった多くの父親たちに、監護者わいせつ罪による被告として自らの行為を説明し叙述してもらいたい。それを説明責任《アカウンタビリティ》と呼ぶ。彼らが語ることが、わけもわからず言われるまま従い、時には協力させられてきた女性たちの「被害」に対する、ひとつの責任のとり方となるのである。

性虐待の被害の深刻さが指摘されるが、その理由のひとつは被害者が「加害者像」を結べないことではないか。社会に適応している父親と、自分にあのような行為をした父親との乖離を埋めることができないのだ。

いっぽうで、加害者自身は乖離することなく自身を統合できているのだろうか。そんなことを考えずに生きられるとしたら、彼らの価値観・家族観はどうなっているのだろう。価値観というほど高級なものではなく、家族は自分にとっての完全なる解放区であり、何をしても許されると考えているだけなのかもしれない。

そんな解放区が許され与えられるはずがない。何をしても許されるのは、親によって庇護された子どもだけである。経済的に妻子を養う見返りに好き放題をするとしたら、それこそ妻や子どもの奴隷化ではないだろうか。その意味でも加害者を「バカな男」と周縁化するのではなく、彼らに語らせることが必要かもしれない。おそらく「当たり前」の世界でやった行為を言語化するのは難しいだろう。それでも、それが娘にとってどんな影響をもたらしたかを知った上で、きちんと説明すべきなのだ。それは、裁判における被告の証言が、被害者にとっては不可欠なのと同じである。彼らがなぜあのような行為をしたのかについて説明がなければ被害経験を言語化できず、被害者が自らの経験を整理できなければ、ケアも援助も始まらないのである。

なぜ「近親相姦」と呼ばないか

季節の変わり目に、多忙な日常の合間を縫って公園を散歩するのが好きだ。人気《ひとけ》のない樹々の茂みから赤紫色に染まった夕暮時の空を見る度に必ず思うことがある。「過去にとらわれる」とはどういうことなのだろうか、と。

世の中には、そしてネット上にも、「前向きに生きなさい」「過去を断ち切って新たに未来に向かおう」「過去を振り返ってばかりいないで、ポジティブに進もう」といった言葉が溢れている。善意と思いやりを持った人ほど、疑いもなくそう語る。でも、そのような言葉によって打ちひしがれ、立ち直れなくなる人たちもいる。性虐待の問題は、まさに過去にとらえられ、引き戻され、捕囚され続けることなのだ。前向きであれという励ましは、時として被害を受けた人たちにとってこの上なく残酷な言葉となる。

家族における「性」の問題は、子どもの性的成長・発達、夫婦関係における性、親子関係における性の三つの問題系に集約される。本書ではそのうちの親子関係、中でも性虐待に重点を置いている。大きな特徴は、それを「性虐待」と名付けることへの抵抗の強さ、「被害者」であると自己定義するまでの錯綜する思い・混乱にある。

それが起きた時と、経験の想起（記憶が呼び起こされること）・定義づけのあいだには、時間差がある。交通事故のようにほとんど時間差がない被害もあるが、性虐待のそれは数十年にも及ぶことがあるのだ。それに加えて、たった一回でも大きいのに、何度も長期にわたり繰り返されることが多い。何より、もっとも安全で安心できるはずの親（養育者）による行為であることが、生きるための価値体系の根幹を揺るがす。

性虐待を受けたこと、被害者であること、加害者が父（兄、叔父、伯父、祖父など）であること。文字にすると一行で済むことが、記憶の再編成や、家族をめぐる価値の崩壊と再構築を伴わざるを得ない大きな衝撃としてのしかかる。性虐待という言葉がこの世に存在しなかったころ、多くの女性たちは自死や精神疾患の症状を呈することでしか混乱と苦悩を表出できなかったのではないか。

私は若いころ、精神科病棟で働いていた。入院していた女性患者さんのなかに、性虐待被害を受けた人がどれだけ多かったことか。そのようにしてしか混乱を生きられなかった彼女たちが、精神障害者としてさらなる差別・偏見に晒されて、家族の世間体を守るために病院で生涯を終えたことを思うといたたまれない。父・兄・叔父・伯父・祖父にすれば、自分のものである彼女たちをどうしようが、彼らの裁量に任されているのだから、かわいがりの延長で弄《もてあそ》んだに過ぎない。愛情というカテゴリーに入れることで自身の中で整合性が保たれ、行為を容易に「忘却」できてしまう。過去を忘れて未来に生きる父と、過去に引きずりこまれたままの娘。このような加害者と被害者の圧倒的非対称性こそが、性虐待の残酷さだと思う。

「近親相姦」という言葉はなぜ広がったか

カウンセラーである私は近親相姦という言葉を使用しない。「相」という字はインタラクティブ＝相互的であること、お互いに納得していることを表している。そこには同意という意志が前提になっている。

性虐待＝近親相姦という連想は誤解である。なにより近親「相」姦はありえないことを強調したい。父や兄（時には叔父・伯父・祖父）による娘や妹（時には姪・孫）への性行為は果たして相互的だろうか。幼女にとってはわけがわからない行為、拒むことのできない行為、ふだん怖い相手がとてつもなくやさしくなる行為なのだ。そこに相互性を意味する言葉を当てはめるのは、行為する側の、「無理強いではない」「相手も納得して喜んでいるじゃないか」という責任逃れのためであり、正当化のためである。だから近親「相」姦という言葉は使用してはいけないのであり、近親姦とすべきなのだ。

性暴力にまつわる既成の言葉の多くが、する側（加害者側）の、つまり男性の願望や免罪を含んでいることは周知のとおりだ。暴力という言葉自体が、される側（被害者）からの言葉であり、する側は暴力と思っていないことがほとんどである。

痴漢という言葉は、今ではほとんど見られない「痴」という字を使用することで、電車で女性の身体を触る男＝バカな男、という意味を持たせている。つまり、「バカでないマジョリティの男はそんなことしないはず、女性の身体を触るなんてバカ（痴）に違いない」のである。

このように、一般のマジョリティ男性と性犯罪をする側（ほとんどが男性だ）は巧妙に分断され、する側が周縁化されることでマジョリティが守られるという構造になっている。「いたずら」という言葉もそうだ。メディアで使用されることはほとんど無くなったが、かつては「四五歳の男性が幼女に『いたずら』をした」などと事件報道で耳にするたびに、妙な気分に襲われたものである。この表現は、子どもの戯れ的な行為であり、悪気のない一時の気の迷いなんだ、だから見逃してやろうという思いやりに満ちている。

言葉が意識をつくる側面を否定できないとすれば、いたずらと幼児性虐待では表現として明らかに異なる印象を与えるだろう。痴漢ではなく性暴力と言い換えることも同様だ。

性行為について語る文脈では、このところ急速にセクシュアル・コンセント（性的同意）という言葉が広がっている。スウェーデンでは明示的同意なき性行動はレイプとみなされるようになっており、大学生による性暴力事件がメディアで取り沙汰されることが増えたのを受けて、日本でも多くの大学でセクシュアル・コンセントの重要性を訴えるさまざまな小冊子が作成されるようになった。「いやよいやよも好きのうち」とか、女性は無理やり犯されることを期待しているなどという視点の、定番ＡＶのような性行為のパターンは、男性の一方的で勝手なファンタジーに基づいているということが、少しずつ明らかになってきた。女性たちの経験に基づいた、当事者としての発言が増えてきたことが大きな力になっている。

視点を家族に転じてみよう。近親者の男性からの性行為が年少の児童（それも女児）に行使された場合、果たしてそこに合意・同意はあるのだろうか。そもそも性的意志がそこに認められるのだろうか。そんなものがありえないことは誰にでもわかるのではないか。ではなぜそこに「相姦」という言葉が用いられてきたのだろう。

近親相姦という言葉には、母が息子を誘う、思春期を迎えた息子への性的アプローチを試みるといった、男性がつくるファンタジーが貼りついている。我々のカウンセリングセンターに「母から性行為を迫られた」とかかってくる電話のほとんどがいたずらである。無料の電話相談には、一定の割合で必ずそのような電話がかかってくると聞いたこともある。実際にそのことでカウンセリングに来談した男性はひとりもいないことをつけ加えておこう。

近親相姦は、このように母（女性）を加害者に仕立てる言葉だからこそ広がったのであり、「お母さんやめてください」といいながら性行為をするという屈折した男性の性的欲望を孕んでいるのである。彼らは無理やりされたと言いつつ、男としての性的主体が侵襲されたという深刻さはない。被害に伴う混乱も恐怖もない。だからこそ、父や兄をはじめとする近親者による性虐待を同列に置いてはならない。

家族における男性の女児・男児へのレイプの存在など、一九九〇年代になるまでほとんど表面化していなかった。いわば彼らの加害者性の露呈には、日本で児童虐待防止の機運が高まるのを待つ必要があったのである。

九〇年代に入り、ＡＣ（アダルト・チルドレン）という言葉がひろがった。ＡＣというのは「現在の自分の生きづらさが親との関係に起因すると認めた人」と定義される。親から被害を受けた人たちがカウンセリングに訪れるようになり、私は多くの女性から実父や義父に性虐待を受けた経験を聞くことになった。それは「相姦」という表現とは程遠く、まさに一方的で意味不明の行為でしかなかった。二〇〇〇年に児童虐待防止法が成立し、少しずつではあるが性虐待に対しても介入が行われるようになった。しかしいまだに、他の虐待（身体的虐待、ネグレクト、心理的虐待）に比べると、報道されることは少ない。「性」という言葉を用いず、「乱暴」と表現されていることも多い。また被害者のプライバシー保護と称して、加害者の実名を明らかにしないことがほとんどである。こうして性虐待加害者は守られるのである。

彼らにはそもそも同意が必要という発想がないのではないか。だから強制しているとも考えない。自分が望めばその通りに動くのが子どもであり、時には妻なのだ。「相」という文字は、自分が追いこまれるような場面で、いざという時に「おたがいさまだろ？」と言い訳するために使用されてきたとしか思えないのである。

性的同意など必要ないと考える親と、性的意志をもつ主体になる以前の子どもとのあいだに、「相」という字を用いるのはいい加減にやめるべきだろう。近親相姦から近親姦へ、そして性虐待・性暴力へという変化は、性にまつわる言葉を従来の男性目線から、女性や子どもの意志・視点を含んだものへと変えることを意味するだろう。ちなみに、法律の文言も、強姦罪から強制性交等罪に変わったように、女が三つ集まった姦という文字はいずれもマイナスで不正という意味を表わしている。ジェンダー的視点からすれば、この上ない不平等な字である「姦」は使われる機会が少なくなるのではないか。

インセスト・タブーはなぜ生まれたか

近親姦については、近年では英語の「インセスト」を用いることも増えた。山極寿一の『家族進化論』（東京大学出版会、二〇一二）という本がある。私は近親相姦をインセストと呼び、ゴリラやチンパンジーなどの観察からインセスト・タブーを研究した部分に最も興味を引かれた。山極は「インセストを禁止することによって人間の社会が自然の要請にもとづかない新たな枠組みを創造できる」と述べる。人間社会の基礎である家族は、他の霊長類とは異なり「自然の要請」にもとづいていない。つまり、反自然なのだ。言いかえるなら、反自然的な仕組みを維持するために、人間はインセストを禁じてきたのだ。とすれば、インセストは人間の家族を根底から崩壊させるものと言えよう。

しかし、人間以外の霊長類の社会においても、インセスト回避の傾向があることはよく知られている。一九世紀末の人類学者であるエドワード・ウェスターマークによるインセスト回避に関する説も実に興味深い。彼は、育児にかかわったり一緒に育った経験（親しさ）をもつ異性に対しては、思春期以降に性的な交渉を避けるようになる。このことがインセスト回避を引き起こす要因になっていると考えた。これがウェスターマーク効果と呼ばれる現象だ。

重要なことは、サルたちには生まれつき血縁を認知するような能力はないということである。生後、子育てを通じて親と子の関係が生まれる。そして親子関係は、実際に血縁関係がなくても、子どもの性的成熟にしたがって交尾を回避するように働くのである。

ここにあるように、サルにおいては育児行動を通じて形成される親しさ、同胞としてともに育つ親しさこそが、インセストを防ぐのである。

これがそのまま人間に応用できるかどうかわからないが、幼い子どもの育児にかかわること、また、いっしょに「親しく」育つことが親から子へ、兄から妹への交尾を抑制するとすれば、近年のワンオペ育児に象徴されるような父親の子育て時間の乏しさが、父による性虐待の促進要因になるといえないか。またいっしょに育つことで交尾回避が促進されるなら、同胞間の情緒的つながりがあるほど、兄や弟からの性虐待の要因を遠ざけることになるのかもしれない。家族の関係性が親しさの対極である支配に貫徹されていることも、インセストのリスクとなるだろう。ひいては、女性がもっぱら育児を担い、男性は仕事に励むという性別役割分業、また性別によって教育方針を区別する子育て、つまり、「ふつう」とされる近代家族の構造そのものが、ウェスターマーク効果説によれば、インセストを発生させるリスクをはらんでいるのだ。

防止するには

男の性欲はそもそも本能なのだという性行動本能説がいかに粗雑なものかが、このような霊長類研究をとおして理解できる。ヒトのみならず、ほかの霊長類においても近親姦（インセスト）を回避するための試みを見てとることができるのだ。

とすれば、性虐待が生じたということは、加害者はヒトでなくなり、「ヒトでなし」となる。そしてゴリラやチンパンジー以下となるのだ。ヒトでなしを生み出した家族の命運は尽き、存立基盤が崩壊することを意味する。一部のゴリラやチンパンジーは、自らの集団が存続するためにインセスト禁止・近親間の交尾回避を行ってきた。われわれ人間も、「自然の要請」にもとづかない行動をすることで、家族を存続させることができることを学ばなくてはならない。

まず、「ふつう」の家族の危険さを知ることからはじめよう。性別役割分業や、父親中心の家族はインセストを生み出す危険性があり、父から母へのＤＶが起きる家族では、しばしば子どもたちの関係性が暴力的で支配的になりがちであることを知ろう。そして父親は積極的に育児参加をし、育児における女性への過重負担（ワンオペ育児）を避け、家族全員の情緒的親しさ（親密さ）を形成するように努めることである。こんな当たり前のことが有効なのにもかかわらず多くの性虐待が起きているのは、それがどれほど困難かを逆に照射しているのではあるが。

多くの男性は娘を性的に所有したい、してもいいというファンタジーを抱いているのだろうか。

性的対象として扱うことと、親密な関係を築くことは全く異なるということを知ってもらいたい。それが家族の存立基盤となるのである。

ペドフィリアと性虐待

近親姦はどのように説明されようと、「絶対にあってはならない」大きなタブーに抵触することをさまざまな視点から述べてきた。

では自分の子どもを性的欲望の対象とする男性は、家族の外でも子どもに性的関心を持つのだろうか。

ペドフィリアはこれまで小児性愛（者）と訳されてきたが、近年異論が出されている。対象とされた小児の立場からすれば「愛」ではなく「暴力」なのだから、小児性暴力と呼ぶべきだと。その通りなのだが、小児という時点でどちらの呼び方であってもアウトだし、私自身はそれを論点としていない。被害を受けた立場は、自分はそれでも愛されたのではないかという思いと、これは暴力だったのではないかという思いに引き裂かれて苦しみを倍加させている。むしろこのことに注意を喚起したいと思っている。

では、性虐待加害者はペドフィリアなのか？　臨床経験を根拠とすれば、私の答えはYESでありNOである。

自分の娘に性虐待をしながら、女子中学生を買春する男性もいる。ペドフィリアは家族の内と外の両方において子どもを性暴力の対象にするものだと考えるなら、未成年の買春で逮捕された男性については、自分の子どもへの性虐待も疑わなければならないということになる。しかし多くの小児性暴力加害者は、家庭においてはやさしいお父さんであり、妻に対してDVなどふるったりはしない。その逆に、自分の娘に性虐待をするが、一歩外に出れば決して逸脱的な行為はしない男性もいる。家庭内でも家の外でもそのような行為はしてほしくないが、一概にこの二つを結びつけることはできないだろう。

「女性と子どもは人間にあらず」

ペドフィリアは病気ではなく一種の性的嗜好であると言われるが、そこには「嗜好は個人的なものだから、果物の好き嫌いと同じ」に通じるものがある。だが味覚とは異なり、性的な嗜好は明らかに生きた人間（他者）を対象とする点が大きく異なる。また女児と男児では異なる点もあるようだ。

近代になるまで、ヨーロッパでは人間＝成人男性であった。『性表現規制の文化史』（亜紀書房、二〇一七）の著者である白田秀彰によれば、ヴィクトリア朝時代には、成人男性以外の存在という意味において、子どもと女は一緒だと考えられていた。たとえば、さまざまな文献で、ヴィクトリア朝時代の裕福な家庭の幼児は、男女とも女性の服装をさせられたと記述されているが、「私は、女性の服を男女児が着用したのではなく、幼児の服装を女性が着用していたというのが実際ではなかったかと考えています。つまり、女性は幼児と同一視され、男性のみが『成人』するものとして扱われたのではないでしょうか」と白田は指摘している。そして、時に扇情的で猥褻な女性の裸体絵画が、子どもを装うことでそれを隠ぺいしていた可能性を指摘する。「この時代の芸術展には女性の裸体を描いた作品が多数出品され、扇情的な作品もありましたが、不思議なことに『陰毛を描かない』という規範に従うことでポルノグラフィと区別されていたのです。この理由は、次のようなものと推測できます。すなわち、陰毛のない身体は性的に成熟していない『児童』の身体であり、それは性的成熟を迎えていない無邪気なものであるがゆえに猥雑ではない。（略）当時はむしろ『児童の身体だからセーフ！』と思われていたわけですね」

これは現在の日本とどこか似てはいないだろうか。ＡＫＢ48をはじめとした、欅坂46、乃木坂46などのアイドルグループは、全員が短いスカートを履いて動作や言葉でも少女性を装っている。二〇歳をはるかに越えたメンバーもいるのに、女子高生にしか見えない。日本中の地方自治体の町おこしのキャラ動画も、幼い顔をした女子ばかりだ。

性的に無垢な少女を装った成人女性を欲望するのは一種の倒錯とも言えるが、そのようなヴィクトリア朝時代と近似した、女性は人ではない、子どもである女児だけが存在するという考え方は日本の一部の男性において根強いのではないだろうか。それはジェンダーギャップ指数一一〇位という不名誉な現実を表していることになるだろう。

また男児が男性の性的欲望の対象となることは古くから知られていた。室町時代から武士たちは少年を侍《はべ》らせて寵愛の対象としていたし、ギリシャ時代は少年愛のほうが女性との恋愛よりも価値が上だったことはよく知られている。そこには精神的価値があると認められていたからだ。近年問題が表面化しつつある聖職者による少年たちへの性虐待の背景に、このような歴史も影響しているかもしれない。女性は肉であり、男性は精神であるという二分法は、今でも伏流水のように地層の下で脈々と生きている。しかし、当たり前だが男性は子どもを産めない。次世代生産のために、世継ぎのためにはどうしても妻（女性）が必要なのだ。「女性活躍」といったスローガンで見えなくされているが、小児性愛（暴力）の問題を歴史的にふり返ると、二一世紀、令和の時代になっても男性以外の存在として、女・子どもがひと括《くく》りにされるという構造にそれほど変化はないような気がする。

家族の重要性を知る人ほど内と外を使い分ける⁉

家族と家の外を明らかに区別している性犯罪者は多い。彼らは性的快楽は家庭外に、妻に対しては別のものを求めているのかもしれない。一夫一婦制が夫婦の相互的な性的独占を前提にしていることを、彼らは知らないわけではない。それでも男性が性的快楽を充足させる場所はたくさんあり、それが当たり前の風景となっているので罪悪感を感じなくて済むのだ。近年女性にも、快楽は外で、夫とは家庭の安定をというふうに使い分けをする人が増えてきたが、経済力の乏しさと社会的常識が、彼女たちの性的使い分けの自由をはばんでいる。

家族の重要性を自覚している人ほど、家庭の内と外を使い分けるのではないか。ナチスのホロコーストを扱ったメリル・ストリープ主演の『ソフィーの選択』（一九八二）という映画には、強制収容所の近くの瀟洒な住宅に住むナチス高官が登場する。ユダヤ人を毎日ガス室に送りながら、ナチス高官は一方で、自宅に戻ると穏やかなよき父、よき夫としてふるまう。そのあまりにもかけ離れた日常性の鮮やかな対比が印象的だった。ナチス高官を持ち出すのは適切ではないかもしれないが、なんの罪悪感もなく二つの世界を使い分けできる性犯罪加害者は、おそらくそれが許される何か（男性というジェンダーに伴う特権、もしくは女性、「人間の形をしているが人間ではない存在」に対しては何をしてもいいという価値観）を信じているのだろう。

「いやそうではない、あんな穏やかな男性があんなひどいことをするなんて、よっぽどのことだ」という意見はしばしば聞かれる。それが減刑嘆願になったり、暗黙の被害者非難になったりするのもお定まりである。

誤解されがちだが、痴漢、盗撮、露出などの性犯罪加害者は、傍目には暴力的な人には見えない穏やかな男性がほとんどである。家の外で子どもに性暴力を働く加害者同様、DVなどしないどころか、むしろ妻に対して受動的なので総じて夫婦仲もいい。だからこそ夫が逮捕されると、妻は衝撃を受け、夫への性的サービスが足りなかったのかなどと自分を責めるのである。

最近は減ったが、地方都市などでは今でも、性犯罪で逮捕された男性に社会的地位があれば、本人の「ストレスがたまっていた」「酒を飲んでいたので覚えていない」という定型的な言い逃れとともに事件が報道される。警察は、妻の聴取を行い（なぜ必要なのか理解に苦しむ）、性生活にまで踏み込んで話をさせるという。警察のシナリオは、「あのような社会的に立派な人があんなことをするなんて、よほど妻との性生活が不十分だったのではないか。妻のサービスが足りなかったのでは」というものなのだ。

痴漢で逮捕されたある男性に聞いたのだが、今から一〇年前は取り調べの冒頭で「君、ソープには行かないのかね？」と尋ねられたという。つまり性犯罪＝欲求不満＝性的はけ口のなさ、という認識が一般的だったということだ。

アチーブメントとしての性犯罪

性犯罪者は性衝動が人一倍強いのではないかという見方もあるだろう。しかし本当にそうだろうか。性欲が強いということがいったい何を表すのか不明だが、性犯罪は性衝動・性欲が制御されないために起きるという説は、さまざまな理由から男性にとって都合のいい前提に満ちている。

かつては性豪という言葉もあったが、今ではWORDで文字を打っても変換されない死語と化している。そんな時代になっても、性衝動が抑えられないことは、たしかに意志の弱さや自制心のなさを表すいっぽうで、性欲の強さを象徴するものであり、暗黙のうちに賞賛される。「それでこそ男性」「ジェンダーの核心である」という認識は相変わらず強いままなのだ。

男性の性的欲望は原子力のようなものであり、使い方や制御を間違えれば大変なことになるという説を以前男性の大学教員から聞かされたことがあるが、違和感が残った。男性の性的欲望を自然で本能的なものととらえるからこそ、時に人間の手にある原子力の比喩が生まれるのではないか。性的欲望が文明の影響を受け、歴史によってその対象も大きく変わってくることはすでに解明されている。にもかかわらず本能説、自然科学説を盲信し、「たまる」「抜く」といった即物的な表現が生き続けているのは、それが男性自身による当事者言説だからである。私たち女性にはどうにも理解できない最大のポイントなので、

「本能です」と言われれば「そうですか」と同意するしかないし、実際そう信じてきたのだった。

私は性加害者のカウンセリングをとおして、また、性犯罪者処遇プログラムの検討委員の経験から本能・衝動説は間違いであると改めて痛感する。性欲というものは社会・歴史的に変化してきたのだ。

生身の彼らの話を聞いても、本能からはほど遠いものが見えてくる。目標設定、そのための戦略の練りこみ、実行のチャンスをうかがって……といった、まるでビジネスを語るかのような言葉を伴う一種のアチーブメントとして性犯罪が浮かび上がるのだ。

小児性愛者であれば、すでに職業選択からそれは始まっている。子どもと接触の多い職業（幼稚園バスの運転手、幼児教育関連職、塾の講師、小学校教諭、街の駄菓子屋、公園で釣りを教えるおじさん、など）を視野に入れているのだ。世の中からは批判されるどころか、時に尊敬される立場であることは言うまでもない。社会的には子ども好きのやさしいおじさん、お兄さんである。

よくある先入観とは異なり、彼らの多くは、やさしげな風貌で、中にはさわやかイケメンも多い。なぜなのだろう。最初の性加害は、おずおずと、ドキドキしながらの行動だが、それが成功することで次につながっていく。そして徐々に大胆になり、しだいに手口は洗練され、強化されていくという経過をたどる。成功体験を積み重ねるためには、相手の子どもから警戒されないことが必須の条件だ。いかつい体つき、荒々しい態度であれば、用心され忌避されてしまう。物腰がやわらかくて親切、時には美しい外見であれば、子どもたちは寄ってくるだろう。

女児殺害事件が幾度となく起きているが、逮捕された容疑者の映像を見るたび、それを再確認する思いだ。メディアが「鬼畜だ」と絶叫しようが、テレビ画面に映る彼らの風貌はごく普通のお兄さんそのものである。

このように性犯罪は衝動から起きるのではない。性犯罪は成功体験の積み重ねにより強化されるものであって、さらなる快体験を得たいという欲望を抱えながら、緻密にその実現に向けて努力する一連のプロセスから成る。それを左右しているのは性衝動というより、それが満たされればすべて解決するという世界観だろう。少しわかりにくいかもしれないが、それが得られればすべてがリセットされる、一瞬の光芒によって今のこの生活に句読点が打てるといった考えである。

それは、どうしようもない日常からの離脱を計る行為のひとつなのではないか。酒を飲み、酔いが回る一瞬だけ自分の人生があるように思う、飲めばすべてが解決する（終わる）という感覚とどこか似ている。その先どうなるのか、万が一失敗したらその影響はどうか、といったところまで思考は及ばず、性加害行為の実現で座標軸が途切れているのだ。性犯罪をアディクションと呼ぶことには危険性もあるが、近似した世界をそこに見て取ることができる。

彼らは目的達成のために膨大なエネルギーを注ぎ、事前の準備を重ね、慎重に獲物を逃がさないように工夫する。一種異様ともいえるこの感覚（モード）はいつも作動しているわけではない。ある時からスイッチが入るのだ。性犯罪の再発予防はこのスイッチが何かということを本人が知ることが第一歩となる。

痴漢であれば、いつも痴漢をしていた路線の電車には乗らない、痴漢もののアダルトサイトにアクセスしないようパソコンやスマホから遠ざかる、といった決断から始めなければならない。

そして、何より彼ら自身が性衝動やストレス発散から性犯罪を行ったという自己正当化の理屈から脱却しなければならない。

「自分は上」という価値観

性暴力のカテゴリーには各国でいろいろな分け方がある。カナダをはじめとする先進国では家庭外と家庭内という区分をしており、後者に性虐待（近親姦）が入る。

家庭外（社会内）で行われている性犯罪は何度も成功体験を積むことによって成立していると書いたが、父（時には兄、祖父など）の性虐待には別の視点が必要だ。対象を変えながら行われる社会内の性暴力は、被害児の数は膨大なものとなる。しかし性虐待の場合は、同じ対象に繰り返して行使されるのである。こう書いただけでも性虐待がもたらす影響の深刻さが理解できるだろう。

生活をともにする幼い子ども（時には妹や孫）に対しては、何をしてもかまわない。性的関心を抱きそれを実行しても許容される。なぜなら自分は父（兄、祖父）であり、より強い立場にあるからだ。力の非対称性（自分は上で相手は下）に貫かれているのが家族だという価値観をもっていなければ、そもそも最初の行為は生まれないだろう。娘（妹・弟・孫）は嫌がっている様子もないし平気な顔をしている、自分のしたことは周囲に知れることもない、二人だけの秘密だ、という暗黙の合意もできている。今夜はお風呂で、明日は皆が寝静まってから……。秘密めいているがゆえに快楽に満ちた行為は粛々と行使されていく。

家族の中の力の弱い者を自分の思い通りにしてもいいという考えは、家父長的信念ともいえる。家族は力における上下関係（ヒエラルキー）によって構成され、優位な存在は劣位の者を支配してもかまわない、なぜなら家族を支えるのは自分の経済力なのだから。明治以降脈々と続くこのような考え方は、二一世紀になってぐんとソフトに変貌したけれど、現在までその根幹は変わらないままである。だから、もっとも劣位に位置する女児は、優位である男性（父・兄・祖父）に性的に支配される危険性が一番高いのだ。

性虐待加害者もまた、市民社会においてはレイプをするような人間ではなく、仕事を通じた人間関係ではセクハラも行わず、妻に対して目立ったＤＶを行使するわけでもない。彼らは決して粗野ではなく、常識人であり、時には仕事もできて尊敬さえされる。しかし最も無抵抗で、一切の批判的眼差しを自分に向けるはずのない存在である自分の子ども（妹・孫）に対してだけ、かわいがりの延長としての性的接触を試みるのである。

自分の子ども（妹・孫）にだけ限局された性的行動は、妻に対する性行為とは異なる。

完全に支配し尽くせる対象への支配なのである。それを人は「狂った」「鬼畜のような」「人間じゃない」という形容詞とともに表現するが、激しい言葉はその行為の機序を見えなくする危険性がある。そこに見るべきは、家父長制のひとつの典型ではないだろうか。あからさまな権力行使ではなく、家庭の外では過剰なほどに規範的でいい人で、妻に対しても〝あるべき夫婦〟という規範を守っている。いばりくさるような粗雑な男より、はるかに自分の方が優位だと考えている。彼らの考える男らしさは、ノブレス・オブリージュ（権力の保持には責任・義務が伴うという概念）に近い。

権力の最高位にある者は、孤独である。そんな彼らをもっとも安心させ癒してくれるのが、もっとも劣位に位置する幼女なのである。すべての規範の外部にいる無垢な存在こそ、彼らが求めるものなのである。誰からも尊敬される父が、同時に娘の性虐待加害者であることは珍しくないのだ。

母からの性的まなざし

専門家のあいだではよく知られていることだが、性虐待被害は女児だけでなく、男児にも多い。加害者は父・兄・叔父・伯父・祖父・従兄弟のような男性の場合と、母や姉といった女性の場合とがある。

アメリカの映画を見ていると、父から受けた性虐待を大人になってから告白する男性が時々登場するが、母からの性虐待についてはなかなか語られることはない。まして日本では、「男性＝加害、女性＝被害」という固定化されたジェンダー観から、男性の性被害者の存在そのものが幾重にもタブー化されて不可視化されている。能動的で性的主体である自分が、母（受動的で性的客体である女性）から性被害を受けるのである。そこには女性の性被害とは別様の強烈なスティグマ（烙印）が想定される。

武勇伝に読み換える男子高校生

レイプを伴うような性暴力については、#MeToo運動の流れもあり、やっと海面から顔を出して声を挙げることができるようになった。しかし家族における性虐待はいまだ深海にあって秘され隠匿され、言語化されることなく本人の記憶の世界だけに棲息しており、「被害」と定義され名付けられることを待っている。

男性被害者は、「男性は加害、女性は被害」というジェンダーによる縛り（「性的能動者でなければ男性ではない」）が存在するがゆえに、深海どころか、さらなる光の届かない暗闇のなかで、その記憶を半ば忘却したかのように封印して生きざるを得ない。

かつて私立の中高一貫校（男子校）に通っていた知人によれば、毎朝授業が始まる前に、満員電車の中で痴漢に遭ったことが仲間内で武勇伝のように話されていたという。「今朝は中年のオヤジだった」「俺なんかいつものおばさんだった」といったふうに。その話題になるといつも盛り上がり、まるで痴漢に遭うことがステータスであるかのようだった。「正直なぜ女性の痴漢被害がトラウマになるのかわからないんだよね」とカラッとした調子で語った彼は、私の同業者である。

彼の話しから伝わってきたのは、痴漢被害に遭った女子高生のような怒りや怯えではなく、「被害者」という定義を無効化しようとする集団的な意思である。「させてやった」「哀れみとともに観察してやった」「困ったやつら」という言い方で自らの能動性を誇示し、男同士でそれを笑いとともに語り合う。それは一種の性的イニシエーションを思わせる。性的客体・受動的存在として扱われた自分を、加害者の欲望を喚起した能動的主体と読み換える。それによって自分は痴漢を面白おかしく観察しバカにする能動的ポジションに立つことができるのだ。「武勇伝」という、男の勇ましさを表すジェンダー化された言葉を使用したり、あるいは使わないまでもそれをイメージさせるようにふるまうことで、彼らの「痴漢被害」は無害化され、性的成長のイベントのひとつとして位置づけられることになる。

しかしこのやり方は性虐待に対しては通用しない。

父から息子への性虐待の多くは風呂場で行われる。入浴中に性器を洗われながら弄《もてあそ》ばれる、父の性器に触らせられる。息子が母に訴えることは稀であり、息子がそうしないと確信して行われることは、父から娘への性虐待と全く同じである。

ぼんやりとした違和感を抱く記憶が、第二次性徴期を迎え性的成長を遂げる中で輪郭を持ち、あるとき父の行為は性虐待だったと気づく。能動的性の主体である男の自分が、父から性的客体にされたことは、自らが「女性化」されるということを意味する。この自覚は彼の性的アイデンティティの形成にどのような影響を与えるのだろう。

宙づりになった被害

では、女性（母や姉、叔母などの親戚）から性虐待をされた場合はどうか。母からの性虐待は、ケア・世話といったソフトな装いとともに行われる。欧米の家族とは異なり、息子と母が何歳までお風呂に一緒に入るかは、標準化されておらず、まちまちである。温泉や銭湯の伝統のある日本では親子の入浴は微笑ましい光景であり、中には中学生になっても母親と入浴をする息子もいる。大学生になった息子の背中を流す母もいるという。平日仕事で父親が不在であれば、息子が幼いころから母親と入浴することが当たり前の日常として続くだろう。母が息子の性器に触ること、性器の形について話すということが起きても不思議ではない。息子の性器を洗う、観察する、それを隠そうとするのはヘンなことだという刷り込みを行う……。このような母の行為は性的欲望によるものではなく、むしろ自分を心配し、ケアしてくれているのだと息子を信じ込ませるのに十分である。娘への性虐待が父からの明らかな侵襲として記憶されるのに比べると、母は息子を侵襲するわけではない。自らの性器を触らせたり性行為を試みるような母はほとんどいないからだ。それが性的相互性を欠如させ、息子たちの受動性をますます強化することになるのは皮肉なことだ。

のちにこのことを思い返した彼らは、同性であり性的能動性をもった父からの性虐待（それによって自分は受動化、女性化される）とは異なり、性的客体であるはずの女性の親からケアや世話と見分けのつかない行為によって受動化させられたことを自覚する。屈辱・恥をもたらすとはっきり言い切れないぶんだけ、もっと入り組んでいる。それはどこか身震いするような記憶だろう。身体的苦痛が与えられたわけでもない。その分、どう受け止めるべきか混乱し、定義する言葉がみつかるまで長い時が必要となる。

父の性虐待が「かわいがり」として行われるとしても、そこには疑いもなく性的欲望が存在し、性器によって可視化される。しかし、ケアや世話、時には指導として行われる母の息子への性虐待には、どこまで性的欲望が込められているかがはっきりしない。

サブカルの世界、とりわけマンガやコミックでは女性キャラクターも「ムラムラする」とか「襲おう」とかいうセリフを発する時代になったが、あくまで戯画化というワンクッションを挟まなければこういった表現は無理だったろう。まして母から息子への性的欲望などAVの世界でも少数派だ。

これは想像なのだが、息子の衣食住の世話をし、身体の管理ができる存在である母は、息子の性器や性的欲望すらもその対象に含めるのではないだろうか。彼女の意識ではそれは性的欲望に基づいてはおらず、あくまで世話やケアの延長としての行為なのだ。したがって虐待しているという自覚は、父よりも乏しい。このことは、被害を自覚した息子たちをさらに「加害者の不在」という宙づり状態に陥れるだろう。

母から娘へ

では娘に対してはどうなのか。母親による性虐待にまつわるひとつのエピソードを述べよう。

A子さんの母は、眠る前に必ず飴を舐めた。毎晩母が口の中で飴玉を転がすコロコロという音を聴きながら眠るのが、A子さんの習慣だった。

小学校低学年の頃だったか、朝目が覚めると、口のまわりにべっとりと飴が溶けたようなものがくっついていることがあった。奇妙なことに、ももや性器のまわりにも同じようにくっついている。

幼いながら、べっとりとしたものは母の舐めている飴玉が溶けたものだろうと推測できた。でも、どうやってそれをなすりつけたのだろう。不思議に思ったが、確かめることははばかられた。どこか秘密めいたものを感じたからだ。その後も数回同じことが起きたが、目を覚ますこともなかったので、朝起きて気づくたびに証拠がつかめないことを残念に思った。

母はA子さんが中二のときに、自宅で首を吊って自殺した。第一発見者は学校から帰宅したA子さんだった。それから大人になるまでいろいろな困難があったが、なんとか生きてきた。結婚し、娘を産んだが、小学生の頃のあの体験を思い出すことはなかった。

ところが、五歳の娘を寝かしつけていたある夜、不意に記憶が蘇った。母の口の中で飴玉が歯にぶつかるコロコロという音、そしてあのべっとりとした感触。

A子さんは、突然、眠りについた自分の身体を母が舐めまわしていたに違いないと思った。母の甘い唾液が自分の唇を濡らし、母の舌がさらにくだってお腹へ、そして性器のまわりを執拗に舐めまわす……。そんな光景を天井から見下ろしている気がした。母は黒髪をうねらせながら幼い私の身体にのしかかっていた。いったいあれは何だったのだろう。娘の成長を見届けることなく命を絶ったことと、まるで自分が生きた証拠を残すかのように砂糖の混じった唾液とともに娘の性器を執拗に舐めまわしたことは、つながりがあったのだろうか。

考えれば考えるほどわけがわからなくなったが、A子さんは思った。自分は娘に対して決してそんなことはしない、娘が大きくなって自分の人生を歩めるようになるまで絶対に生きる、それだけは確かだと。

これは特殊な例と思われるかもしれないが、母から娘への性的弄びはしばしば起きている。抵抗しない、まっさらな地図のような幼い娘の体を愛玩する姿は、父のように荒々しく侵入しないため、多くの記憶が時間と共に埋没してしまうのだろう。

ブラジャーと初潮

私が実施しているAC（アダルト・チルドレン）のグループカウンセリングでは、参加メンバーである女性たちが思春期の経験をふり返って語ることがある。そのときに必ず登場する二つの定番のエピソードについて述べよう。
①彼女たちの半数以上が、思春期になってもブラジャーを買ってもらえなかったと言う。B子さんは、自分よりはるかに胸の小さい友人が、デパートでちゃんとサイズを測ってもらったブラジャーを着けていることに驚いた。おまけに体育の授業のとき、更衣室でかわいい花の刺繍がほどこされたブラジャーを自慢げに見せられ、反応に困ってしまった。帰宅後母にそれを話したが、取りつく島もなかった。自分の胸からまるで目をそらすかのような態度を見ると、何も言い出せなかった。母は目をそらすというより、乳房が存在しないかのように扱った。結局B子さんは、お年玉の貯金をこっそりおろして、友人に付き添ってもらってスーパーの下着売り場でブラジャーを買った。母はそのことに気づかないのか、何も言わなかった。ある日、B子さんはブラジャーを洗濯して干しておいた。驚いた

ことに母はそれを取り込んだにもかかわらず、まるで何事もなかったようにそのことには触れなかった。

②もうひとつの定番は、初潮にまつわるものだ。母にそのことを告げられなかったという人が半数以上を占める。友人の母に最初に聞いてもらった、何ヶ月も黙ったまま、自分でこっそり生理用品を買ったという苦労話は涙ぐましい。思い切って母に初潮を告げたものの、あからさまに嫌な顔をされた、聞こえないふりをされた、「あんたも女になったのね」とため息をつかれた、「これからどんどんいやなことが起きるのよ」と脅された、など、およそ娘の成長を祝福するのとは無縁の対応をされた人も多い。

娘が女になることがいや

思春期になれば、胸が膨らみ生理が始まる。女性として成長すれば必ず迎えるこれらの現実を、母親が認めないどころか、時には直接的・間接的に否定する。たぶん、母親はいやなのだ。娘が「女性」になるのがほんとうにいやなのだ。

娘には一足飛びに自分と同じ母、もしくは誰かの妻になってもらいたいのであり、宙ぶらりんの性的存在である「女」になることは認めたくない。母親にすれば、自分が女性であることは少しも喜ばしいことではない。生理は汚らわしいものであり、豊かな乳房も男からの性的まなざしの対象以外の何ものでもない。女性であるだけでどれほど損をしてきたかわからない。結婚なんて騙されたようなもので、夢見た幸せなど何一つ実現しなかった。そう思っているのだ。

無邪気に思えた娘がとどめようもなく女になっていくことに、母は戸惑い、怖れ、どうしていいかわからず不機嫌になり、現実を受け入れない。息子の元服なら、この世で権力を得るための第一歩として喜ぶことができたかもしれない。しかし女性が成長するということは、紅く染まる血とともに、男の性的欲望の客体となり、表向きはそれを喜びとともに肯定しなければならないということだ。初潮の現実を受け入れることは、女性というセクシュアリティの受け入れであることを、母は知っているのである。母が歓迎しないどころか嫌悪しているのを知るとき、娘にとっては女というセクシュアリティを最も身近な同性から否認されるに等しい。

ブラジャーや初潮は、娘が性的存在になることを突きつける記号だ。このインパクトは母の嫌悪を喚起し、ときには奇妙な無関心を招く。女性が自らの性に嫌悪感を抱くことをミソジニー（女性嫌悪）というが、母のそのような態度はミソジニーそのものである。

もちろんこのような母ばかりではないし、娘が性的に成熟することを歓迎する母もいる。赤飯を炊いたりブラジャーをいっしょに買いに行く姿を見れば、周囲はよき母と思うかもしれない。しかしそんな母であっても、娘の行為が世間の目の許容範囲を超えたとたん、娘に対する態度を一変させ、「ふしだら」という死語まで動員して攻撃する。

ある女性は、大学生の頃、門限が厳しく決められていたという。ある夜、帰宅が遅れてしまった。すると母は激しく叱責し、居間で服を脱ぐことを命じた。そして全裸になった娘の身体をすみずみまでチェックし、「男と会ってきたんだろう」「何をしたんだ」「白状しろ」と、狂気に満ちたまなざしとともに普段聞いたこともない口調で責めたてた。

また、ある女性はこんな経験をした。久々に子ども二人を連れて実家に帰ったとき、母親が自分を一瞥《いちべつ》し、「なに？　その短いスカート、まるで売春婦じゃない」と言い放った。一度もそんな言葉を母の口からきいたことはなかったので、あまりのことに驚いていると、息子が「バイシュンフって何？」と尋ねるので、さらに言葉を失った。ショックを受けた女性は、そのまま子どもを連れて飛び出し、それから実家を訪れることができなくなった。

これらの例から浮かび上がるのは、母たちの、男性にとって性的な存在である同性への強い差別視である。自分たちは結婚し家族をつくりまともな生き方をしている。女であることを売り物にした一群の女性たち（水商売の女性、売春婦など）とは違うのだ。彼女たちはふしだらで下賤である……。そういう女性蔑視が連鎖反応的に、娘の服装、異性との交際を引き金として一気に表面化する。

しかしその半ば狂気とも思える言動は、単なる差別以上のものを伴っている。一枚皮をはげば、娘を厳しく囲いこんだのに裏切られたという怒りと、自分だって若い頃にそのような性的放逸を実行したかったという無意識の羨望と嫉妬が渦巻いているからだ。

娘を裸にして身体検査する嗜虐的ともいえる視線に、何ともいえない屈折した彼女たちの性的欲望を感じる。母たちは、「ふしだらな女性たち」と差異化を図ることでしか、このつまらない、満たされない女としての人生を肯定できないことを知っている。世間から後ろ指をさされないという一点しか誇れるものはないことがよくわかっているからこそ、足元の脆弱さ、性的に満たされた記憶もないまま老いていく不安などがすべて娘への叱責に集約されていくのだ。

性的主体である「母」

完全な被害者も完全な加害者もいない、という当たり前のことが、性加害・性被害においてはなかなか受け入れがたいのも事実である。ＰＣ（ポリティカル・コレクトネス）的な二分法だけではとらえられない母たちの性的まなざしは、問題の複層化、複雑さを提示する。

聖化され、すべてを肯定する存在としてまつり上げられる母は、受動そのものだ。そんな母性幻想を男性は強固に信じているが、同時に彼女たちは性的存在でもある。しかしそれはあくまでも結婚制度の枠内、夫との夫婦生活においてなのだ。この限定され抑圧された状況にあって、母が性的主体となれるのは、子どもに対してだけである。唯一自分よりはるかに弱者である子どもに対して性的まなざしを注ぐことが、彼女たちの主体的行為なのである。しかしそれはストレートに表現する回路を持たず、ケア・世話という「母の愛」と分別不可能な行為としてしか実行されない。性的主体としての母は、「母の愛」というフィルターを通してしか存在が許されないのだ。このことが、母による性虐待をわかりにくくし、被害者をさらに苦しめることにつながっていく。

第2章 家族神話を生きる妻

神話を支える妻たち

この章では夫婦・カップルの関係に目を転じてみよう。カウンセリングの合間に女性誌や育児雑誌などの取材を受けることが少なくない。さまざまな家族の問題についてのインタビューだけでなく、読者からの質問に回答を求められることも多い。振り返ってみれば二〇年以上にわたり、女性誌や育児雑誌の半数近くで回答欄を担当した気がする。

さて、育児雑誌も含めて読者層が細分化されているのが女性誌の特徴である。いわゆるバリキャリ系、ギャル系、ヤンママ系といった読者のライフスタイルに加えて、近年では一〇年区切りで四〇代、五〇代、六〇代という年齢によっても分けられている。

対象を細分化すれば売り上げが伸びるという法則は、高齢者向け雑誌にも及ぼうとしている。元気な高齢者が増加したことによって、かつては「老後」をいかに健康的に生きるかという定番企画で埋め尽くされていた高齢女性向け雑誌も、オシャレや趣味、旅行などの特集を組んで、大きくリニューアルしつつある。そんな雑誌のいくつかで、夫との関係についての誌上相談を担当した。寄せられた相談のなかには、性にまつわるものも含まれている。メディアやネット上で騒がれるほど、日本の女性たちは性的に積極的になったのだろうか。自らの性的経験について、それほどオープンに語っていないのではないかと思う。

雑誌に投稿された女性たちの言葉には、生真面目に生きてきた姿と、日々蓄積された夫への思いが凝縮されている。それらは、決してカウンセリングの場では聞くことができない内容なのである。

うんざりする妻

四〇代から六〇代までの女性から寄せられた夫に関する相談内容は、細部はそれぞれ異なっているものの、びっくりするほど似通っている。彼女たちの手紙やメールの文章の中でもっとも多く用いられているのが「価値観の違い」という言葉である。家庭内別居、離婚の準備、といった深刻な内容なのだが、夫婦関係を解消するかどうか迷っている女性たちは、別れることを考えるに至った最終的根拠を、価値観というキーワードを用いて表現している。具体的には、食事の仕方が汚い、相談なしに物事を決めるといった態度を理由に挙げていたりする。そしてその流れで性行為への拒否感や嫌悪感が訴えられている。それらをまとめて、私なりに再構成してみよう。

「夫はもともと神経質で几帳面な人でした。定年前は仕事にそのエネルギーが向かっていて、家庭は私のペースで回っていましたのでそれほどストレスを感じることはありませんでした。子どもたちも無事自立し、遠方ですがそれぞれ家庭を持って幸せに暮らしています。二人の孫とスカイプで話すのが一番の楽しみです。

相談したいのは、夫との生活です。定年退職後、夫は、まるで庭師になったかのように毎日植木や庭の手入れに励んでいるのですが、決してひとりでそれをやろうとはしません。必ず私が助手につかなければならないのです。買い物に行くときも、車は必ず夫が運転するので別行動ができません。いつも夫婦いっしょなので近所の人たちは『オシドリ夫婦』と言いますが、夫が主導で私は従者というのが実態です。この夏植木の手入れを手伝いながら、あまりの暑さに熱中症になりかけましたが、夫は歯牙にもかけませんでした。ほんとうに悲しくなりました。夫とは心底、価値観が違うんだと思っています。

そのくせ週に二回は性生活を求めてくるのです。夫が七〇歳になってからもそれは変わりません。それをどこか誇らしげに思っている夫のことが心より疎ましく、いつまで続くのかとうんざりします。明日もまた二四時間夫といっしょの生活が待っていると思うと、有り金全部を持って遠いところに逃げたいとさえ思います。こんな私はわがままなのかもしれないと思いながらも、もう限界なのです」（六五歳、マチ子）

正誤表のような夫、一〇倍返しで責める夫

書かれている内容は、セックスレスではない。まして暴力的セックスというわけでもない。読む人が読めば、マチ子さんは何を困っているんだ、贅沢じゃないか、と思うかもしれない。

架空の相談ではあるが、これは一つの典型だ。子育てが終わり、夫婦二人の生活になったとたんに浮上する夫との食い違いの数々。それは単に「価値観が違う」から起きるのだろうか。マチ子さんたちが訴えているのは果たして価値観の違いなのだろうか。

そこに描写されているのは、自分が熱中していることに妻が参加し、それを支えてくれ

ることが当たり前だと信じて疑わない夫であり、自分が考えることは正しく、反論する妻が間違っているという正誤表のような夫である。

ではなぜマチ子さんは夫に「いやです」「無理です」と言わないのだろうか。おそらく誌上相談の内容を夫が読めば、どうして直接言わないのか、いやならいやと自己主張すればいいじゃないか、と反論するだろう。

ここが最大のポイントである。極端かもしれないが、レイプされた女性たちに「どうして反抗しなかったのか」「なぜ逃げなかったのか」と無邪気に問う人たちがいる。DV被害を受けた女性たちに対しても、「どうしてもっと早く逃げなかったんでしょう」と問う人も多い。これらはすべて相似形である。支配とは、抵抗や反論、拒否を奪うことであり、抵抗を弾圧したり抑圧することだけが支配ではない。だから一見同意したかのような行動をとったり、無抵抗だったり、時にはよろこんで従ったりする人たちを見て、心から同意していると判断するのは早計なのだ。

「する側」の立場は、そのことがわからない。反論しなかったのは同意である、抵抗しないから合意である、逃げないのは一緒に居たいからだ、などと解釈するのである。

マチ子さんも、そして夫やパートナーからのレイプやDVを経験した女性たちも同意などしていない。彼女たちは拒否したり反論したりすればどんな行為や言葉が返ってくるかを長年の経験で熟知しているのだ。弱者の側は、誰しも恐怖を感じないように予防線を張るだろう。ここで「もう無理」と言おうものなら、「どうして今頃そんなことを言うのか」「いつでも不満ばかり言うのはわがままじゃないのか」「いったい何の不満があるのか、言ってみろ」と、一〇倍返しの反論や責めが予測されるからである。夫が糾弾することを知っているマチ子さんは、自分の思いを呑み込み表面的に合わせて行動しているのだ。

寝室においても、夫との性行為は何の喜びもなく、何の思いやりも感じられない。ひたすら夫の自己満足的行為に対して、AV女優になったつもりで演技しながら、早く終わってくれないかと祈っている。夫は口には出さないものの「どうだ、すごいだろう」「この年で妻を満足させるなんてありがたく思え」「ほんとうにお前は幸せ者だぞ」という表情を浮かべて満足げに眠りに就く。マチ子さんは眠ったふりをしながらその様子を薄目で眺める。そして、夫の地響きのようないびきを聞きながら、天井をじっと見る。あと何回これをやり過ごせばいいのか、と思いながら。

彼らの性の脆弱性

マチ子さんたちは、おそらく夫との性行為そのものがいやなのではない。日常生活において、夫が彼女たちの感情や気持ちに無頓着であることが性行為において反復され、さらにそれが増幅されることに堪えられないのだ。なぜなら、夫が性行為のたびに、妻を満足させようとしながら、実は男性としてのアイデンティティを再確認していることがわかるからである。男性のアイデンティティは彼らのいう論理的思考法や社会的ステータスではなく、勃起し性行為を完遂するという男根主義（性行為が自らの根っこをかたちづくると考えている）によって支えられているのではないか。それは自己完結せず、必ず性行為の対象である存在（女性）とその評価を必要とする。見方によっては、彼らのアイデンティティは女性という性行為の対象からの評価に依存しているのである。

夫婦間の性行為においても、「妻を満足させた」「妻を性的に支配した」ことで、彼らは男として自信を得るのである。この構造がどれほど脆弱であるかは明らかだ。もし妻が「全然よくない！」「下手じゃないの！」などと言えば、彼らの神話はたちまち崩壊するに違いない。ここを衝かれるとDVをふるう男性が多いのは、そのことを表わしている。

妻（女性）に依存しなければアイデンティティ確保が困難であるという男性の脆弱性は、攻撃的ともいえる性行動や買春、少女愛的性嗜好を駆動させるものと通底してはいないだろうか。風俗という金銭授受を伴う完璧にフィクショナルな世界や、少女という受動的な対象を相手にしていればプライドは傷つかず、彼らは守られながら安心して性行為ができるのだ。

妻は決して夫の神話を壊そうとはしない。それは最大のタブーだからである。むしろ演技することで夫の脆弱な自信を支え、夫を保護する存在になるのだ。妻は時に、やせがまんのように言う。「男は手のひらで転がせばいいのよ」。この日本中に広がっている民間伝承的な格言は、女性たちの「自分が男を動かしている」という権力意識にもつながる。脆弱性の保護を女性が担うということは何を意味するのか。そこから生まれるのは、踏みつけにされ蔑まれた存在による、「男たちを生かしているのは私たち女だ」という転倒した支配意識である。

しかしそれは、なんとみじめで悲しい自己満足なのだろう。抑圧された奴隷のような存在が自分こそが支配者なのだと信じるのは、鬱屈した日々を生きていくためのひとつの信仰なのかもしれない。

なぜ自分を責めるのか

マチ子さんは、少なくとも誌上相談において、そんな信仰を抱いてはいない。しかし、だからこそ苦しいのだ。

支配とは、抵抗や反論、拒否を奪うことと述べたが、奪っている側にその意識がないことが、支配の現実を見えにくくする。女性の価値は男性の性的欲望の対象になるかどうかで決まるという考えは、合コンをめぐるエピソードや婚活女性へのアドバイスにも満載である。欲望の主体としての男性とその対象である女性というジェンダー規範意識は、メディアによって発信され、それをシャワーのように浴びることで私たちはそれを深く内面化していく。

マチ子さんたちに植え込まれているジェンダー規範も同様だ。夫の性行為をありがたく思わなければならないという常識は根強く、大真面目に誰かに相談すれば、贅沢を言うんじゃないと軽くあしらわれるのが関の山だ。浮気されたわけでもなく、夫の性的欲望の対象になるというのに、「いったい何が問題なのか」「その年でありがたいじゃないか」という常識が、マチ子さんを責める。本人もそれを内面化しているためさらに自責の念がのしかかる。

つまり支配的《ドミナント》な考えや価値が、抵抗や拒否を奪うとも言える。だから彼女たちは、家庭内別居とか離婚とか卒婚とか言いながらも、同じくらいの強さで「わがまま」「ぜいたく」と自分を責めているのである。

文脈における「性」

夫の性行為を、回数だけ取り出して少ない多いと問題にする意味はどこにあるのだろう。妻にしてみれば、日常生活で自分に向けられた関心や、感情をくみ取ってもらう経験があるかどうかが問題で、それがあってこそ、その延長線上に性行為はある。多くの誌上相談に投稿する女性たちは、人として扱われることのない中で、夫が性行為を特権的に位置づけることに屈辱を感じている。「したからってすべてがチャラになるわけじゃないでしょ」という憤りもあるだろう。

子どもがＤＶを目撃することを面前ＤＶと呼ぶが、それによる最大の影響は、「暴力で解決できないことはない」という信念を植え付けられることだ。父親が怒鳴ったり殴ったりして母の反論を封殺する。その暴力の効果を、子ども（特に息子）は深く心に刻むだろう。性行為によって妻の不満はすべて解決できるという夫の考えと、それは相似形ではないだろうか。投稿内容の多くが、そのような夫の行為に辟易し、怒りを訴えていた。妻である女性にとって、性行為は特権的なものではなく、あくまでも日常生活における夫婦関係の文脈の中にあり、それを切断しリセットする機能をもっているわけでもない。日ごろ思いやりを感じていれば、性行為などなくても仲良く平和に暮らせるはずだ。性行為について、こういうことを夫婦が忌憚なく話し合えることが最も望ましいと思う。

セックスという名の深い河

「セックスレス」という言葉をGoogleで検索すると、何と約四億八〇〇〇万件もヒットする。セックスレスのネット上のセラピーを謳ったサイトや、女性の側から体験を述べるサイトも存在する。

しかしこの言葉の歴史はそれほど古いものではない。一九九一年、阿部輝夫によって日本性科学会の発表において使用されたのが最初である。当時阿部は「結婚して同居しており身体疾患や特別な事情がないにもかかわらず、一ヶ月以上性交がない場合」をセックスレスの定義とした。

その後一九九四年に日本性科学会においてセックスレス・カップルは次のように定義された。「特殊な事情が認められないにもかかわらず、カップルの合意した性交あるいはセクシュアル・コンタクトが一ヶ月以上なく、その後も長期にわたることが予想される場合をセックスレス・カップルという」

アメリカにおいては一九六〇年代からセックスセラピーが行われるようになった。性交がないことがセラピーの対象となった背景は、六〇年代のアメリカの社会状況とともに捉える必要があるだろう。最も知られているのが主として行動療法的にセラピーを実施したマスターズとジョンソンである（一九六六）。

その後コーネル大学の精神科医カプラン（一九八二）はさまざまな治療法を折衷することでより統合的セックスセラピーの方法を確立した。同時に「性の三相概念」を提示し①性欲相、②興奮相、③オルガスム相に分けて、それぞれの相における問題を性障害として総称した。この分類は生理学的かつ技術的視点に基づいており科学的な装いを感じさせるが、阿部（二〇〇四）による次のようなセックスレスの分類のほうが我々にはなじみやすいのではないだろうか。

①したくてもできない（病気群：勃起障害、性嫌悪症など）
②しなくてもいいa（無病群：飽きたから、忙しくてしないなど）
③しなくてもいいb（無病群：二人の合意で）

①の人たちは、要求をもちながらも身体がそれを裏切っていく、つまり思い通りに性交

渉ができないコントロール不全であるという点で、性障害の患者として治療対象となるだろう。③はしなくてもいいというより「しない」「したくない」という意志を伴っている。しかし現在セックスレスという言葉がこれほどまでに広がっているのは、もっと軽いニュアンスの②の無病群の人たちの増加が背景にあるのではないだろうか。筆者はそのなかに「面倒くさい」というセックスレスを付け加えたい。①のようにはっきりとした要求もなく、③のような意志を前提としているわけでもない。なんとなく気がついたらいつのまにかセックスレスになっているのだ。

セックスレスと語りのジェンダー差

性の問題についてクライエントはあまり話したがらないが、セックスレスであることをカウンセリングの場面で述べるのは圧倒的に女性であり、男性の場合はほとんど自分から話すことはない。一方で男性は過剰な性行動については雄弁に語る。日本では近年、草食男子、イクメン、弁当男子などの言葉が流行したせいか、なんとなくセックスレスめいた男性が増えているように言われるが、果たしてそうだろうか。

性犯罪をめぐるさまざまな言説には、相変わらず被害者有責論（「される側にも責任がある」）や、女性の側が誘っているという男性被害者論や冤罪説が根強い。だが、性行動における能動性、主導が男性にあり、過剰であることには問題がないというとらえ方は、実はそれほど変わっていないのではないだろうか。それに、女性の側からの語りに基づいて過少か過剰かを論じる以外に、男性の側が自らの性行為や欲望について語ることは極めて稀なのだ。これを性についての語りのジェンダー差ととらえるなら、貧困なのは男性の語りのほうである。猥談や性談をあれほどあけすけに語る男性が、いざ自分の性行動になると驚くほど寡黙で防衛的なのである。その性的語りの多くはフォーマット化されており、実は男性たちの社交の道具だという説もある。コンテクストを踏襲すれば男性なら誰でも語れるのだ。しかし性の個人的な側面については一部で新しい試みが登場してはいるが、(注1)いまだ闇のなかである。

だが近年、哲学者森岡正博の『感じない男』（ちくま新書、二〇〇五）をはじめとして、坂爪真吾の『男子の貞操――僕らの性は、僕らが語る』（ちくま新書、二〇一四）のように、少しずつ男性が自らの性を語る著作も増えてきている。また、現代ではＬＧＢＴの人々の存在感が増している。多くの男性が、セクシュアルマイノリティの立場からの発言を受けて脱フォーマット化した語りをするようになれば、女性がいつのまにか取り入れている男性の視点も変わっていくだろう。それは、女性自身が持っている「女性は性的客体でしかない」というジェンダー意識を少し変えるに違いない。

ロマンティック・ラブ・イデオロギー

「したくてもできない」①型には、男性の場合と女性の場合があるが、ここでは妻の側をさらに四つに分けてみる。Ⓐ「子どもが欲しいのにセックスレスだなんて」「高齢出産したくないのに（妊娠できるタイムリミットがあるのに）、夫がいつも非協力的だ」という文脈で語られる妊娠待望型、Ⓑ「夫婦が愛し合っていれば性交渉があって当たり前なのにできない」という規範型、Ⓒ「私にも性欲はあるのに夫が応じてくれない。夫は私を愛していないのでは」「夫が私を女として扱ってくれない」といったセクシャルアイデンティティ型、Ⓓ「性の快楽を味わってみたいのに」という快楽追求型、である。このうちⒶには、近年では生殖医療の飛躍的発展によって不妊外来治療という選択肢が一般化しつつある。体外受精、人工授精といった直接的性交渉によらない妊娠も可能になってきたことでⒶの悩みは相対的に減少している。

Ⓑ Ⓒ Ⓓに共通しているのは、「結婚したのは愛し合っているからである。愛し合っていれば必ず性欲が湧き、セックスをするものだ。セックスの快楽は夫婦のあいだだけで相互に味わうものである」という信念である。裏返せば、性欲が湧かなければ愛されていないのであり、セックスレスとは愛がないことの証明なのだ。結婚を成り立たせている愛情そのものがなければ、その結婚には意味がなくなる。これこそがロマンティック・ラブ・イデオロギー（RLIと略す）という「愛と結婚と生殖の三位一体説」を基本とする強固な信念体系である。近年の女性学の発展に伴って、これがどのように歴史的に形成されたかが明らかになった（『近代家族の成立と終焉』上野千鶴子、岩波書店、一九九四）。ちなみにこの信念体系は、女性の方により深く刻印されていることも付け加えておこう。

男性の多くが性に関してはダブルスタンダードであるのに、女性にRLIを信じさせるために装置的役割（指輪交換をして神の前で愛を誓う）を進んで引き受ける。結婚後、家族が崩壊しないためには、RLIを女性が信じ込むことが必要だからだ。セックスレスはRLIの三位一体の一角が崩れることを意味するからこそ問題化されるのである。

ロマンティックという美名が隠しているのは、「結婚したらたった一人の異性としか生涯セックスをしてはいけない」という規範だ。この性的身体の独占性・所有制をめぐって、どれほど多くの悲劇が生まれ、どれほど多くの文学作品が生まれただろう。たとえば島尾敏男の『死の棘』（新潮社、一九七七）はそれを男性の立場から描いたものだが、『狂うひと――「死の棘」の妻・島尾ミホ』（梯久美子、新潮社、二〇一六）は島尾の妻・ミホを資料から詳細に読み解いて話題になった。

合意はあるのか？

レイプをめぐっては、男性の側は合意の上だと言い、女性は強制だと言う食い違いが多いが、夫婦間における性暴力はどうだろう。

避妊の非協力が性的ＤＶの代表であることは、意外と知られていない。セックスを迫られた妻がやんわりとそれを断ると、夫はひどく怒って暴力的になったり怒鳴ったりする。中には「やってやるだけありがたいと思え」「浮気してても文句はないんだな」と捨て台詞を吐く夫もいる。もっとも無防備になる寝室で味わう恐怖と屈辱は、女性にとってトラウマ的な経験になるだろう。その恐怖から、次からは妻は無抵抗に夫を受け入れるようになり、まして「今日は避妊してほしい」とは言えなくなる。夫の側は、妻が拒まないのでよろこんで受け入れていると思うのだ。その結果妊娠したとしても、それは妻の身体に起きることであって、夫は痛くもかゆくもない。

どれほど多くの女性が、あきらめながら、時には演技とサービスでその時間が終わるのを待っているのだろう。出発点で暴力的に刷り込まれた「浮気されないだけまし」「これが愛されている証拠だ」「セックスを拒絶してはいけない」というメッセージは掟となって、妻たちから性行為の拒否権を奪う。それは、夫婦間の性行為に合意など存在しないことと同義だ。

週刊誌の一部は中高年男性の読者を対象にしたセックス記事によって販売数を確保している。その副作用とも言える例を挙げよう。

六〇代のC子さんは、一〇年前に長女の摂食障害に困ってカウンセリングに訪れていたが、その後長女が回復したために終了となった。ところがある日、彼女はカウンセリングに再び訪れ、そして泣きながらこう語ったのである。

「夫が、突然弁護士に相談しに行きました。そして家に帰ってきて怒鳴ったんです。『お前の態度はじゅうぶん離婚できる条件になるぞ』って」。そしてこう言った。「この涙は悲しいから出たんじゃありません、悔し涙です」

定年退職した夫はほぼ毎日自宅におり、家事に口を出し、夜になるとアダルトビデオを妻に見せてはセックスを要求した。新婚当初に暴言を吐いたこと、娘の摂食障害の治療に非協力的だったことなどから、夫に嫌悪と恐怖しか感じなくなった彼女は、ある晩はっきりと拒絶した。その翌日夫はたんすの中の彼女の着物を放り出し、ハサミで切り裂いた後に、弁護士の元を訪れたのだ。すべてを聞いた私はC子さんにまず最初に、殴られてはいないもののそれは明らかにDVであると伝えた。そしてしばらく家に帰りたくないという彼女を少し離れた場所にある病院へ避難入院させたのだった。DVには身体的暴力のみならず、精神的、性的、経済的な暴力も当然含まれている。

「夫がセックスを望み能力的にも可能であるのに、妻が拒否してできない」場合、「性的対象として扱ってやっているのだからありがたく思え」という男性側の思い上がりがあり、それが性的DVの背景になっている。レイプまがいのセックス、みせしめの風俗通い、浮気などもここに含めてよいだろう。セックスできたとしても、彼らは同意と錯覚しているが、それは多くの場合拒んだ後が怖いという妻の怯え、あきらめ、軽蔑や忍耐によって支えられた砂上の楼閣に過ぎない。たしかにそこにはセックスレスという問題はない。浮気や風俗通いをしない夫は「妻思い」と評価されさえする。聞く人が聞いたらこう言うかもしれない。「ご主人はきっと思いを伝えるのが下手なんでしょう。あなたとこれからずっと仲良く老後を過ごしたいという気持ちからくる行動なんですよ。だからもうちょっと広い心で受け入れてあげましょう。そうすれば機嫌もよくなりますよ」

セックスが女性にとってよきものであるかどうかは、それまでに形成された夫婦関係がよきものであったかどうかに関わる。妻の気持ちを推し測ることなどせず、自分が「生涯現役」を証明するために性行為を行えば、おのずと心は離れていく。性行為をすれば妻は必ず満足しありがたがるとでも思っているのだろうか。夫は妻を満足させたと思い、妻は嫌悪とあきらめしか感じないという、この悲劇的なまでの一方通行はどうだろう。同じ屋根の下に半世紀近く暮らしていても、性をめぐるとらえ方はこれほどまでに隔たっているのだ。そのことを知るのはおそらく女性だけであり、相手はまるで地球の裏側に住んでいるようだとひそかに思っているのだ。

（注1）　清田隆之（桃山商事）による、コミュニケーションオーガズムの語りが一例。東京大学駒場祭「こじらせ東大生の恋愛相談会2018」など。

不妊治療から見えてくるもの

「子どもができる、できない」「妊娠する、しない」という表現は当たり前に使われてきた。これを英語に直訳すると、妊娠する状態になる=get pregnantになる。つまり能動的に妊娠するというよりも、そう「なる」わけで、そこに意志は関与しない。『中動態の世界』（國分功一郎、医学書院、二〇一七）を参照すれば、妊娠する、子どもができるということは、能動態でなければ受動態でもない、いわば中動態的なできごとだといえる。長年妊娠しなかったのに、ひょんなことから子どもができた人は、心の底から天からの授かりものだと思うだろう。天皇陛下が皇太子だった時、記者会見で雅子妃の妊娠に触れ、西洋の比喩を用いて「コウノトリが運んでくる」と語ったが、これは妊娠は外部から訪れると考えられていたことを表している。妊娠=生命は、人知を超えた外部から与えられ、運ばれてくるもの、授かるものだったのだ。

医学の進歩は、人間の不幸をひとつずつ克服してきた。ガンの治療や新薬の開発は、一〇年前に比べると死亡率を大幅に下げる効果をもたらしている。同様に、子どもが授からなくて苦しんでいる人たちを対象とした生殖医療も驚くべき速度で発展している。大都市には不妊治療を掲げるクリニックが増加し、評判の高いクリニックは予約がとれないほどになっている。そのことがあまり知られていないのは、ガンをはじめとする疾病はあらゆる人々が当事者になる可能性があるのに比べ、妊娠はある一定の年齢の女性以外にとっては当事者意識が薄いせいだろう。

国家の思惑

妊娠から出産に至るまでのプロセスにおいて、母体は時に危機にさらされることがある。出産前後の子どもと同様に、妊娠中および出産前後には母親が死亡する危険性もあるのだ。知人が胎児の突然の死亡により三四歳で亡くなった。衝撃を受けた私は、妊娠・出産が女性にとっては相変わらず生命を賭した行為であることを再認識させられたのである。

女性たちのいのちを担保にした妊娠・出産は、時には国家による介入を受けることがある。戦時中の「産めよ増やせよ」キャンペーンや、中国の一人っ子政策がその好例だ。性暴力と戦争との深いつながりについては後の章で述べるが、そこから透けて見えるのは、もっとも個人的な問題である性が国家によって利用され、管理されてきた歴史である。その場合の性とは、孕《はら》み産む女性たちの性を指している。国によっては宗教的な理由から中絶手術は今でも非合法のままである。日本でも、正確な避妊の知識を性教育で教えることが問題とされたり、危険を伴う中絶手術が改善されないまま放置されている。

そのいっぽうで、高齢者の激増と出生率の低下に向けた対応は喫緊の課題になっている。もっと結婚してもらい、子どもをたくさん産んでもらわないと、となるのだ。政府が打ち出した政策が、出会いを増やすための「街コン」という婚活サービスへの支援と、少子化対策である。上述の生殖医療の発展には、後者が大きく影響していることは間違いない。

全国で多くのカップルが不妊治療を受けていると推測されるが、ほとんどが自費診療であり、高額の負担が必要となる。体外受精、顕微授精、新鮮胚移植、凍結胚移植などというまるで実験室で行われるかのような作業過程を経て実施され、女性は大きな身体的負担を強いられる。卵子の採卵は苦痛を伴うし、精子の採取も男性にとっては心理的負担が大きいという。これまで不妊は女性に原因があるとされてきたが、生殖医療の発展によって、男性側に原因がある場合も多いことがわかってきた。これを男性不妊と呼ぶが、ネット上で検索するとそれに関する情報が溢れている。

二〇一五年、東京都では全国に先駆けて男性不妊治療（精子を精巣等から採取するための手術）に対する助成を実施することを発表した。(注1) 二〇一六年には日本生命が特定不妊治療に対する民間保険「ChouChou!（シュシュ）」を発売して話題になった。このような流れが、政府主導の少子化対策に後押しされているとしても、子どもが欲しいと願うカップルにとっては、国家政策に乗せられているという意識はなく、むしろ心より歓迎すべきことであるに違いない。言うなれば、これは中動態的な妊娠（つまり外部から授かり与えられる）から、自らの意志で選択し能動的に選び取る妊娠への転換と言えるだろう。

選びとる妊娠・出産

出産後も仕事を継続するためのシステムを完備している某大企業では、既婚女性は三〇歳を過ぎると不妊外来を一度は受診するのが常識になっているという。社員食堂では気軽に受診できるクリニックの情報を交換する光景も珍しくないらしい。

人間ドックと同じように、自分の卵子の数を医療機関で計測してもらい、時には夫にも精子の数や活動量を測るように勧める。それによって妊娠する時期を選び、受胎可能な日にセックスをし、めでたく妊娠をする。産休と育休を夫と交互に取得し、二人ないしは三人の子どもをもうける。このように、自らの意志で妊娠・出産を選び取り、青写真どおりの生活を送るのが、ひとつのモデルとなっている。

不妊治療がもうひとつ直面しているのが遺伝の問題である。近年のゲノム研究と細胞遺伝学の発展によって医療は新しい局面を迎えている。疾患の原因遺伝子を同定し、発症メカニズムの解明や、治療法開発において大きく寄与している。

一方、その成果は、生命倫理や遺伝の問題に本人や家族が直面せざるを得ない状況を生む。そこにかかわるのが遺伝カウンセラーという存在である。不妊治療は、遺伝子レベルの問題も孕んでおり、出生前診断や中絶の問題、さらには優生思想にまで至る問題系なのである。日本遺伝カウンセリング学会や日本生殖心理学会など、医療から相対的に独立した学会なども活動している。

自己決定する性

カウンセリングに来談する女性たちの中で、不妊治療を受けている（た）人は珍しくない。夫とあまりセックスはしたくないけれど、妊娠するためだけにその日をねらって性交渉すると語る人も少なくない。

産む産まないは私（女性）が決める、というスローガンは、八〇年代からフェミニズムの発展とともに多くの女性たちを勇気づけてきた。国家から産むことを奨励される存在ではなく、自分の身体は自分のもの、だから、産む産まないももちろん自分で決めるということなのだ。これを性的自己決定権と呼ぶが、特に若年層への性教育においては、自分の身体を大切にするとはどういうことか、いやなセックスはノーと言ってもいいことなどを教える必要がある。一〇代の女性が、「相手の男性に避妊（コンドームの装着）を要求すると気分を害されたりするのでそのままする」と語ったりするからだ。若い世代にもすでに述べた中高年女性と同じようなことが起きているのではないか。この状況を性教育によって変えていかなければと思う。

この場合の自己決定と、子どもを産むことが意志と選択の問題になったことはつながっている。

同時に、同じ視点でとらえられない部分もある。夫のものとされ、男性からの視線を内面化して構築された身体を、自分の身体として取り戻すことが、性的自己決定権である。しかし「意志と選択」には、自己選択した以上責任をとるべきという引責性が強調されている。なぜ子どもが欲しいのかという問いかけよりも先に、卵子が元気なうちにとにかく「当たり前の女性」として二人くらいは産まなければと考えてしまう。それは自己決定というよりも、スタンダードから外れてしまうのではないかという不安に裏打ちされた「選択」ではないだろうか。そして、選択の結果、つまり子どもについては、すべてが親の責任であるという背負い込みが生まれる。

それは、選びとる妊娠がもたらした余波ではないだろうか。自分で望み不妊治療の末妊娠して産んだ子どもと、コウノトリが運んできた子ども。自分の手の及ばないところからやってきて誕生した子どもは、どこか畏怖の念を起こさせ、授かりものという「ありがたさ」を感じさせるだろう。ところが、不妊治療の場合は選んだのは親であり、強大な意志のもとで実現した妊娠なのである。男性不妊の場合は、精子提供者が父親以外の場合もある。能動でも受動でもない中動態的妊娠と、不妊治療による妊娠とを比較すれば、意志と選択性が占める割合はどうしても後者のほうが多くなるのではないだろうか。

ただでさえ、何か子どもに問題が起きると、母親は「育児に失敗した」「あんたは失敗作だった」などと口走る。「あんたさえいなければ離婚できた」「あんたを中絶するには遅すぎた」などと、造物主であるかのような発言をすることがある。できちゃった婚の親と、苦労して二年がかりで妊娠した親や、人生を自分でデザインしてその一環として不妊治療をした結果妊娠した親とは、子どもの人生に対する思い入れは異なるのではないか。

人生を思い描いた通りに実現したいという親の願望の対象から、子どもを外す必要がある。不妊治療を専門とする医師から聞いたが、どれほど精緻な不妊治療であっても、最終的に妊娠するかどうかは誰にもわからないという。確率論的にはおよそ可能性がないと思われても妊娠することがあるし、その逆もあるという。つきつめれば、やはり授かりものとしか言えないのだ。そうであれば、やはり子どもは私物ではなく、授かった存在としてかかわるべきだろう。

なぜ子どもが欲しいのかを問い直す

久しぶりに会った同級生の話が印象に残っている。彼は同窓会が大好きなのだが、同級生から孫の話を聞くのだけはつらくてたまらないという。彼には三人の子どもがいるが、既婚の四一歳の娘、離婚した三九歳の息子、同棲中の三五歳の娘の全員に子どもがいない。私は彼の沈鬱な表情を見ながら、孫がいないことの何がそんなにつらいのかと尋ねた。

「それはね、歴史の断絶なんだよ」。思いもかけない答に驚いた私に、彼は続けた。本を買えば、書庫の本の山はどうなってしまうのだろうと思う。庭の手入れをしながら、自分の死後、園芸に無関心な子どもたちによって庭はいずれ荒れ果ててしまうと考える。墓守りは長男がしたとしても、あと三〇年もしたら雑草が生い繁るばかりだ。次の世代がいないということは墓も断絶するということだ。この家の歴史はそれで終わってしまうことになる……そう考えるとすべてが虚しいだけだ、と。

子孫の継承がなければ今あるこの家がいつかは途絶えてしまう。彼は、その滅亡の予感に悶々としているのだ。そこには、血による継承が歴史をつくり、そのことが現在の自分の存在意義につながるという価値観が見て取れる。妻はとっくに孫をあきらめているのでさばさばしており、落ち込むだけの自分との断絶も深刻だというおまけつきの告白は、実にリアルだった。

徳川幕府において、正室や側室、大奥などの女性たちが控えていたのは、世継ぎができないことが権力において決定的ダメージを与えるからだ。徳川幕府の世継ぎは血によって権力を維持・継承する存在だったが、それは万世一系を旨とする天皇制とも通じるだろう。かつて学生運動に熱中し反体制・反天皇を叫んだこともある彼の言葉は、いくら古稀を迎え自らの死をリアルに感じられるようになったとはいえ、私には一種の転向宣言と思えたのである。

追い立てられるような、みんなが妊娠するから私も、というその願望を、いったん立ち止まって疑ってほしい。なぜそれほどまでに子どもが欲しいのかと。生殖医療や遺伝子学の進歩は、不妊治療に科学の装いをまとわせている。しかしその根本にあるものは「子どもが欲しい」という願いだろう。それは当たり前でも本能でもない。だから、なぜそんな願いが生まれるのか立ち止まって考えてほしい。血による継承への切望なのか、女性としての人生を全うしたいのか、子どもがいないことを欠落と考えるのか、夫婦二人では寂しいのか、とにかく子どもが好きだからなのか……。

不妊治療は決して個人的な問題ではない。ここまで述べてきたように、国家の政策から極小の遺伝子の世界まで、膨大な射程を持っている。だからこそ、「なぜ子どもが欲しいのか」を問いかける必要がある。特に女性には「自分は決めることができる」ということを知ってほしい。

（注1） www.fukushihoken.metro.tokyo.jp/kodomo/kosodate/josei/funin/index.html

第3章 不可視化された暴力

加害者を嘲笑せよ

この原稿を書いている最中（二〇一八年）に、財務省事務次官から女性記者へのセクハラ発言が報道され、本人は否定しつつも辞任に追い込まれた。また、新潟県知事も出会い系サイトで知り合った複数の女性と金銭授受を伴った性的関係を持っていたことが明らかになり、辞任すると発表した。いずれも週刊誌報道がきっかけであり、高学歴エリート男性ということも共通している。辞任した当事者は、「僕の考える範囲ではあれはセクハラじゃありません」と言い、財務省の官僚の一人は、「女性は本当に嫌だったんでしょうか」と述べる。ある年代以上の人は、内心「あんなこと昔は当たり前だった」と思っただろうし、後者においては独身の知事がどんな女性関係を持とうと不倫じゃないから自由じゃないかと考える人もいるだろう。

これまでずっと男性主導だった分野や職場に女性が進出するとき、女性は性的なまなざしや言葉に晒されることになる。男性たちの多くに悪意はなく、女性たちが不快な思いをしているなどと想像もしない。だが、その無邪気さと無知は、大企業を中心にセクハラ研修が実施されて徐々に変化し始めている。先進国の企業の労務管理において、人種・障害・ジェンダーにまつわる差別は完全にタブー化されつつあるにもかかわらず、日本の官僚のトップや政治家たちが、二〇世紀の常識をそのまま踏襲しており、臆面もなく堂々と上記のような発言をすることに、正直驚かされた。

#WeTooというムーブメント

セクハラ（セクシュアル・ハラスメント）が流行語になったのは一九八九年だ。そこから三〇年近くかかったが、セクハラが霞が関の官僚トップを辞任に追い込む時代がやってきたのだ。多くの女性が平気な顔をして、男性の「言葉遊び」を一緒に楽しんでいるように見えても、内心では不快感と屈辱、恐怖に耐えながら必死にやり過ごしていることを、男性は知らなければならない。報道を見て「こんなこともダメなのか、これからは身を守るために気を付けなくては」と思った男性は、ぜひそうしていただきたい。これまでの社会の常識＝男性にとっての「当たり前」は、女性たちの忍耐とがまん、諦めによって支えられていたことを知ってもらいたい。

二〇一七年には、伊藤詩織さんが自らのレイプ被害経験を勇気を出してカムアウトし、著書『Black Box』（文藝春秋）で詳述した。さらに、海の向こうで誕生した＃MeTooムーブメントも挙げなければならない。音楽界やハリウッドという世界一華やかな業界でも、指揮者やプロデューサーといった力のある男性からの性的強要があった。ハリウッドでは著名な女優たちが「私もよ」「私も同じ経験をした」と声を挙げはじめたのだ。そのうねりは＃WeTooとなって、日本でも広がりつつある。突然今になって性暴力・性差別が生まれたわけではない。それまで見えなかったものが、女性たちが声を挙げることによって可視化されてきたということなのだ。

上述の二人の男性の辞任理由となった行為を、レイプと同じ性暴力の文脈でとらえることに反論する人もいるだろう。「やらせろよ」「縛っていい？」といった発言や、女子大生買春は、彼らが公人であったことで大きな問題になった。いちおう相手の同意を得ようとしたのだから性暴力ではないという声には、まったく同意できない。性暴力は、きわめて個人的行為に見えるが、基本となっている異性に対する侵襲的・人格無視の構造は、家族・社会・国家にまで届く射程をもつ連続体である（『戦争と性暴力の比較史へ向けて』上野千鶴子ほか編、岩波書店、二〇一八）。旧ユーゴスラビア内戦における民族浄化や従軍慰安婦問題などに見るように、戦争と性とは分かちがたくつながっており、被害の声を挙げられない膨大な女性たちの存在が長い時間を経て明らかになっている。

女性を性的対象として扱うことと、人間として扱うことは明らかに異なる。女性はそう感じるだろうが、男性の一部はかわいがっているから人間扱いだと考えている。「きらいならあんなことしてない」という弁明は、彼らの実に正直な言葉だ。「あんなこと」が許されるのは男性だからであり、自分の社会的地位や権力によるということが、まったく理解されていない。

性犯罪とDVは相似形

二〇〇五年に、法務省の性犯罪者処遇プログラム検討委員会の委員を務めたことから、日本の刑務所や保護観察所における性犯罪者処遇プログラム作成にかかわることができた。

二〇〇四年一一月に起きた奈良県女児殺害事件の犯人が再犯だったことを契機に、明治以来続いてきた一〇〇年以上にわたる監獄法が改正され、「刑事収容施設及び被収容者等の処遇に関する法律」にもとづき、プログラムが実施されるようになった。モデルとなったカナダでは、性犯罪者処遇プログラムはDV加害者更生プログラムと、構成や内容が大きく重なっている。性犯罪とDVは似通っているのだ。その理由は①加害者のほとんどが男性であること、②繰り返されること、③女性蔑視（男性中心）的価値観に基づいていること、の三つである。二つの暴力加害者があまりにもよく似ていることに驚くが、次に、レイプ被害女性をめぐる興味深い論考を紹介し、DV被害女性たちとの共通点を述べることにしよう。

今は廃刊になってしまった『朝日ジャーナル』（朝日新聞社）一九九二年四月一七日号に掲載された、作家・松浦理英子による「レイプ再考——嘲笑せよ、強姦者は女を侮辱できない」という文章がある。当時大きな話題になり、『日本のフェミニズム⑥セクシュアリティ』（岩波書店、一九九五）にも再掲された。発端は、同誌三月一三日号掲載「それでも女はくたばらない」という漫画家・安達哲氏との対談であった。記事中の松浦氏の発言に対する、女性読者からの反論が投書され、それに対する返答として松浦氏が書いた文章である。当時もレイプ（強姦）は女性に対する極限の侮辱であり犯罪であるとされていたが、その言説に対して松浦はこう反論する。

「物の本にあるように、強姦が性欲ではなく、強姦によって女を侮辱したいという、女性憎悪者の感情的欲望から起こる行為であるとすれば、『最大の侮辱』云々といった女の怨嗟の声こそ、強姦者及び潜在的強姦者の期待するものである」

つまり、レイプが性欲というより女性を辱める目的で行われるのであれば、侮辱されたと抗議するのはレイプ者の思うつぼではないのか、彼らの書いたシナリオ通りの反応をするのは相手の期待に添ってしまうことなのだから、むしろ「〈強姦如きは何でもない〉とせせら笑う」「不敵に笑う」べきではないかと書く。

女性読者からの反論は、対談における松浦の発言は結果的に強姦する男たちの免罪になってしまうのではないか、そんな意見は強姦被害者にとって残酷以外のなにものでもない、というものだった。それはある意味当然の反応とも言えるし、何より松浦自身もそのような批判を予測の上で書いたと述べている。

強姦を性欲に基づく本能的行為などと誤読するのではなく、強姦者の女性に対する根深い侮蔑こそがその中心であるという指摘は、被害者側から彼らの行為を解読し、彼ら自身も気づかない女性嫌悪・蔑視を明らかにするものだろう。この点は後述するように、松浦の主張においてもっとも重要なポイントである。彼女は、被害者は傷つき無力化されるという言説に徹底抗戦する。「『レイプは極限の暴力、差別、犯罪』等々は、（略）今や紋切り型の響きを持つ」という挑戦的ともいえる表現は、これまで強姦被害者を支援してきた人たち、もしくは当事者にしてみれば、挑発的で許しがたい言葉に思えるかもしれない。実は、長年実施しているDV被害者を対象としたグループカウンセリングにおいて、私も松浦と似た発言をしてきたのである。

日本のDV対策

松浦の論考発表の三年後である一九九五年に、日本でDV（ドメスティック・バイオレンス）という言葉が初めて使われるようになった。この言葉ができる前は、多くの女性たちは夫を怒らせた自分が悪いと思い耐えてきたが、やっとDV被害者と自身を名付けられるようになった。二〇〇一年にDV防止法（配偶者からの暴力の防止及び被害者の保護等に関する法律）が制定され、各地の男女共同参画センターを中心に、DVは犯罪だ、暴力であるといった啓発活動が行われるようになった。

地方自治体にはDV相談窓口を設置することが義務付けられたが、被害者支援の方向性は、DV被害者に逃げるよう勧め、保護命令を出し、シェルター入所後に生活保護を受給させ、加害者から身を隠して新しい土地で生き直すというものである。その根底には、加害者は暴力をやめることはない、暴力から離れて安全を確保することが第一という前提がある。DV政策の先進国であるカナダやアメリカでは、まず加害者を逮捕し、拘留・起訴・裁判をほぼ一〇日以内に終わらせる。重罪以外は加害者プログラム受講が命令される。プログラム受講をもって刑罰に代替させることをダイバージョンシステムというが、日本では防止法制定後一八年が経つのに、いまだにDV加害者プログラムを公的に実施していないのが現状なのだ。このことを多くの人に知ってもらいたいと思う。

DV被害者のグループカウンセリングでは、暴言暴力に傷ついた女性に対して、別居や離婚も視野に入れたきめ細かな支援をすることは言うまでもない。しかし、別居に踏み切ることができない女性もいる。彼女たちに対する、勇気がない、中途半端だという批判は的外れだろう。経済力や子どもの年齢、親族の事情、健康状態などを考えると、逃げられないと考える女性は多いはずだ。

とりあえず同じ屋根の下でしばらく一緒に暮らすことを選んだ女性たちは、どのように夫との共同生活を送ればいいのか。その場合、松浦が批判するように、「紋切り型」にDVをとらえれば、彼女たち被害者は無力で屈辱的な状況に置かれているととらえるしかない。しかし果たしてそれだけの存在だろうか。

ある女性が、罵倒し続ける夫に対して、勇気をふり絞って「なぜ私なんかと結婚したんですか」と尋ねたら、「死んだ魚より活きのいいほうが好きだ」と答えたという。つまりDVは、彼らを脅かし、なぜ思い通りにならないのかと憤らせるほど、自己主張的でプライドに満ちた妻（女性）に対して（も）、行使されるのだ。世間に流布する無力な被害者像と現実の姿は大きく乖離している。

最大の武器は軽蔑

被害者の中には、たとえば、そんな夫を選んだのは私だ、だから私に責任があると考える女性たちがいる。選択の主体は自分なのだ、だから文句を言うまい、まして自分は被害者などと思わない、それはあまりにみじめだし、責任がないなんて虫がよすぎるのではと思っている。「この状況をつくったのは私である」と思うことで権力を転倒させ、彼女たちは最終的なプライドを守るのだ。たとえば七〇歳を過ぎた高齢女性の多くは、いまさら暴力的な夫と別れられないことを正当化するために、夫との生活は自分が選んだものだという公式にしがみつく。DV被害者という言葉をこのように否認する彼女たちは、決してカウンセリングに訪れないだろう。

いっぽうで、離れたいと思いつつも、当面同居するしかない苦渋の選択をした女性もいる。彼女たちにとっての課題は、夫と暮す中でどうやって押し潰されずに、人間としての尊厳を守って生きるのかということである。私はそんな彼女たちにいつもこう伝える。「最大の武器は軽蔑である」と。松浦の言葉をもじれば、「嘲笑せよ、DV夫は妻を侮辱できない」ということだ。

私の提案を受けた彼女たちの思いを代弁してみよう。

「夫のDVでうつになったり、恐怖で硬直することもあった。しかしあの夫の言動によって支配され尽くす自分ではない。夫の頭の中を占めている、底の浅い家父長的言葉なんてすぐに暗記できるくらい単純だ。家父長的という言葉すら、たぶん夫は知らないだろう。そんなスカスカの頭の中を私は心底軽蔑している。金を出さないと言い、いくら経済的制裁をしようとしても、私の頭の中までは支配できない。DVに関する歴史的知識や構造、さらにジェンダー概念など、夫は逆立ちしても理解できないし想像外の世界なのだ。怒鳴り、物を投げ、時には蹴りかかってきたら、その瞬間は凍りつき震えるかもしれないし逃げるかもしれない。だが、それは生命維持のための正しい行動なのだ。しかし心の中では『へこたれない、くたばらないためにせせら笑う』私でいるのだ」

松浦や私が述べる「嘲笑し軽蔑する」ことは、強制収容所で正気を保つための知恵に似ている。性暴力とDVは、被害者の価値観や尊厳まで支配し尽くすほどのインパクトをもっている。だからこそ、被害者は知識で武装し、プライドを死守しなければならない。加害者を嘲笑し、軽蔑するためにも。

マジョリティであることの恐怖

カウンセリングでは、クライエントの苦しみに共感するのではなく、それを咀嚼《そしゃく》し理解することが重要である。「同じ経験をした人でなければわからない」というのは誤解である。実際に経験しなければわからないとすれば、私たちは歴史上のできごとや地球の裏側で起きている凄惨な戦いや、隣国が味わった苦しみについて語る資格がなく、理解不能だということになる。

私たちに与えられたわずかな想像力、類推する力、そして言葉を駆使して伝達する力への信頼なくして、異なる環境にある人とつながり、手を携えることはできないだろう。どの人にもこれらの力が備わっているに違いない。そのことを私は疑ったことはない。それに、その苦しみを実際に経験していない人だからこそ可能な援助もある。経験していなくても、ひょっとして経験したことがないからこそ、私たちは他者の苦しみを見据え、その経験について考えることができるのではないだろうか。

しかし、このようなカウンセリングの基本ともいうべき点が、性被害においては大きな分断をもたらす。なぜなら、男性か女性かによってその受けとめ方は大きく異なるからである。LGBTの存在や多様なセクシュアリティが知られるようになってきたが、認知されて日が浅いこともあり、性被害に関しては、まだまだ男女の二分法を前提としなければならないのが現状である。

二項対立は白黒の世界につながり、どこかに踏み絵があるような、目に見えない関所があるかのような気がする。つまり性暴力は「義憤を強制する」という硬直化をもたらし、加害者への断罪を生む。しかしこの加害者凶悪説が、かえって隠蔽してしまうものがあるのではないだろうか。

「巻き込まれる」ということ

メディアにおける性という言葉の使われ方を注意深く観察すると、ポルノのようなエロ系か、被害の告発の犯罪系かのいずれかにくっきりと分かれる。男性週刊誌の「いつまでできるか」といった記事を前者とすれば前者は男性によって、後者は女性によって支持される（男女二分法を前提とするなら）という明確な対照性がみられる。つまり、性に関する記述においては、人間・ヒューマンという共通項に逃げることが阻まれ、どちらかの立場に立たざるを得なくなるのである。

社会学者の岸政彦は哲学者國分功一郎との対談（『現代思想』二〇一七年一一月号、青土社）で、「つまり、現場に巻き込まれれば巻き込まれるほど、『分ける』ということをせざるをえなくなってくる、という事態がここで発生しているのです。どこかの立場に立たないといけなくなるというか」「加害者については共感的に書かないということです。巻き込まれてしまっているので、そういうことはできない。いわば、加害者の責任について問わなければならない、というもう一つの責任が、書き手に負わされることになる」と述べている。このように社会調査にかかわりながら、対象に「巻き込まれる」ことで調査者の立ち位置が変化するのは、カウンセリングでもおなじだ。

私は巻き込まれをためらわないし、目の前の被害者の語ることを解釈せずに聞き、味方になることを心掛けている。しかし多くの精神分析的立場をとる専門家は、このような巻き込まれを推奨しない。話は聞くけれど中立的であり、積極的関与をしないという立場をとるだろう。近年、トラウマ研究が進み、DVや虐待、ハラスメントなどの被害が明らかになることで少しずつ変化してきたが、臨床心理学にも様々な流派があることは知っておく必要がある。

以前、通勤時の地下鉄の女性専用車両に男性が乗り込み、女性乗客と揉めて電車が遅延するという騒ぎがあった。彼らは、公共の乗り物から男性を排除する「女性専用車両」は男性差別ではないかと主張していたという。Twitterではこの騒ぎについてさまざまな意見が飛び交ったが、女性の側からは「あまりに痴漢被害が多いので、安全に乗車できるという公共性を守るために女性専用車両をつくったのでは」「同性として、男性も痴漢加害者をどうやってなくすのかを考えてほしい」といった内容のツイートが多かった。

女性は守られ過ぎ、いい思いをしているといった主張をする人は、「被害者づらして責任逃れしている」と言う。このような物言いは、「ネトウヨ」と呼ばれる人たちの、かつて日本が植民地化した中国・韓国・北朝鮮をめぐる歴史観への反論や否定にもつながっている。

この点に関しても前掲の対談で岸政彦は鋭い指摘をしている。彼によれば、「お前は誰だ?」と常に問いかけられているのがマイノリティであり、マジョリティは純粋な一個人として透明な存在でいられる特権を有している。ところがある瞬間マジョリティとして引きずり出されることがある。それは必ず加害者としてなのである。「突然、お前には責任があるのだと、名指しされる、という経験を通じてしか、マジョリティとしてそこに存在することができない」のである。「ネトウヨ」についても、彼らには「加害者として引きずり出されることへの共通する恐怖感」がある、として、痴漢冤罪に敏感に反応するのもその一環であるとする。

岸政彦のこの主張を読んで、多くの男性が見せる性被害への反応が初めて理解できる気がした。知人男性にも、性暴力や性虐待の話になった途端に、口調が変わって加害男性を激しく否定し攻撃する人がいる。「鬼畜」という表現を多用するのも、たいてい男性である。このように自分とは違う許せない人種として分断し全否定するか、無視してスルーするか。もしくは被害女性に責任があり、自分たちこそ冤罪被害者だとするか。この三種類にくっきりと男性の反応が分かれてしまうことを、これまでは男性の脆弱性の表れとして一刀両断してきたが、マジョリティである性に生まれてしまったがゆえに、加害者としての無限責任を負わされることの恐怖とその理不尽さへの怒りが潜在的にあるのかもしれないと思ったのである。

性虐待と痴漢の〈距離〉

家族という閉ざされた空間で起きる性虐待と痴漢を比べれば、数はおそらく後者のほうが多いだろうが、構造的にさほど違いがあるとは思えない。

自分は違う、痴漢に走る男たちは病気なんだ、という主張より、自分の娘に手を出すなんて変態だ、異常だという主張のほうが説得力をもつだろう。多くの加害親は善良な市民生活を送っており、中には社会的に尊敬される立場の人も多い。近年では祖父による性虐待も目立っている。被害者（児）の訴えを知らなければ、異常者・変態といった表現からは程遠い男性たちなのだ。しかし、児童相談所などの虐待の専門機関では、性虐待事例が多発しており、カウンセリングにおいても同様である。明るみになっていないものの、性虐待は頻繁に起きている可能性が高い。

私は臨床経験を重ねることで、幸か不幸か、目の前にいるこの男性もひょっとして電車に乗ったら痴漢行為をするのかもしれない、家で娘に何をしているかわからない、あるいは妻にDVを働いているかもしれない、などと想像するようになってしまった。過去に一度も痴漢行為をしたことがないという男性などいないのではないか、そう思わなければ都市部の通勤電車で被害に遭った女性（男性）の数の膨大さを説明できないとさえ思う。

性虐待と痴漢の距離は、それほど隔ってはいない。満員電車に乗るときのあのためらいと恐怖、夜道を歩くときの緊張感を味わったことがないのがマジョリティである男性であるとすれば、一九八〇年代末にセクハラという言葉が登場し、痴漢が犯罪とされ、DVや虐待が警察に通報される時代になったことで突然加害者として引きずり出される恐怖にさらされたマジョリティに対して、なんら同情心が湧かないのが正直なところだ。

被害者という言葉がこれほどまでに日常生活に入り込んできたのは、一九九五年の阪神淡路大震災以降のことである。それまでは、よほどの犯罪か災害でなければ用いられなかったが、あの震災を経験して、物理的被害だけでなく、心や精神も被害を受けることが明らかになり、一般的な表現となった。同時に、トラウマという言葉が被害の客観性を証明するものとしてあっという間に広がっていった。PTSD（Post-Traumatic Stress Disorder）＝心的外傷後ストレス障害という診断名がよく知られるようになったのもこの頃からである。

ここで強調したいのは、被害という言葉は司法的判断に立脚しており、加害者に責任があり被害者は免責されることを前提としている。殺人を例にとればよくわかる。そして、正義はいつも被害者の側にあることになる。岸政彦が指摘するように、「被害」を訴えたとたんに、マジョリティは加害者として引きずり出されることになるのだ。

一九九五年から約二五年、さまざまな被害が表面化するに伴って、マジョリティである男性の恐怖感も増大してきたといえよう。この恐怖は、加害者化されること＝無限責任への怯えや怖れなのだ。被害者が、被害の詳細を述べ、その影響がどれほど長く続きその後の人生を圧倒するかを知らしめることは、彼らの無限責任に対する恐怖をさらに煽ることにつながることは想像に難くない。

加害者臨床とは

ハラスメントやDV、虐待といった問題にかかわると、被害・加害、犯罪・責任といった法的《フォレンジックな》言語が、カウンセリングの現場で日常的に飛び交うことになる。しかし、加害者に何を望むか問われた性暴力の被害者の反応は一様ではない。「死んでほしいです」と答える人が多いが、「顔も見たくない」「違う世界に行ってほしい」から、「この苦しみを知ってほしい」「同じ苦しみを味わってほしい」まで実に多様で、その質問自体に対して憤る人もいる。

逮捕・起訴されれば裁判によって刑罰が科され、受刑することが責任をとることになるが、多くの場合、性虐待はそのような手続きを経ることは稀である。逮捕にまで至らないことがほとんどだからだ。私たち心理臨床の世界に新しく参入しつつあるのが、加害者臨床である。加害者に様々な側面から働きかけることで、被害者への責任をとれるように方向づけるのだ。それを援助とかケアと表現するのは、被害者にとってとうてい受け入れがたいはずだ。加害者臨床では、教育や更正という表現を用いて、プログラム化された上で集団で実施される。加害者が責任をとれるように方向づけるためのプログラムは、次の三つを柱とする。①謝罪と賠償（あやまり、つぐなう）、②アカウンタビリティ（説明責任＝やったことをすべて認める）、③再発防止（二度と繰返さない）。これらが責任をとることの内実である。

マジョリティの加害者化や無限責任への怯え・恐怖の根底には何があるのか。あえて言うなら「責任のとり方がわからない」のではないだろうか。突然責任をとれと突きつけられて、まったくどうすればいいかわからない。道筋がわからないとき、怯えは反転して怒りになるだろう。そして自分を加害者化した「被害者」たちを、返す刀で「自己責任だ」と攻撃するのだ。よく考えればお門違いだということがわかるが、理路はそこになく、マジョリティの「被害感」のみが溢れている。

この悪循環を断つためには、マジョリティである彼らに「責任のとり方」を具体的に示すことが必要ではないだろうか。こうすることが責任をとることなのだ、という道筋をはっきりと示すのだ。

反省すること、責任をとること

重要なことは、上記の三つに「反省」が含まれていない点だ。日本人のメンタリティから言えばこれは驚きだろう。「悪うございました」と土下座することはたしかに反省だ。企業の不祥事が発覚すると経営者がＴＶ画面の中で深々と頭を下げて「申し訳ございませんでした」と反省するが、これはこれで幕引きにさせていただきますというセレモニーに過ぎない。そこには責任という視点はない。「責任」を表す英語はレスポンシビリティであり、そこには応答可能性という意味が含まれている。被害者の苦痛・被害に応答することこそが重要なのである。許してもらうために「反省します」と言い、それで事が済むと思うのはあまりに虫がよすぎる。

加害者臨床の多くが目指すのは、加害者がまずやったことを認め、謝罪のために被害者の実情を詳しく知り、償うための具体的行動を学習して再発防止を図ることである。カナダ、アメリカ、イギリスなどでは、これらがプログラム化されて実施されている。ＤＶの加害者をはじめとして、性暴力や虐待・性虐待の加害者などが対象である。これらの具体的実践が日本でもっと知られることはもちろんだが、「責任をとる」ことの解題が必要なのではないだろうか。これだけは必要だという具体性を示し、なぜ必要なのかという根拠を理解し学習するためのテクストを用いる。このような日常用語による具体的行動の提示によって、責任をとることとの道筋が示されるのだ。たぶん、被害者側からは、それは反省でもなく、謝罪でもない、もっと加害者には厳しくすべきだという批判が起きるだろう。それは十分理解できるが、あえて主張したい。なぜなら、男性たちの責任への過剰な怖れを少しずつ解除する必要があるからだ。逆転した彼らの深い被害者意識を軽減させることで、怯えの反転としての性被害者やマイノリティへの攻撃を防止することになるだろう。

そして、女性はフェミニストになる

あらゆる女性運動は、専門家であろうとなかろうと、女性という当事者性から出発している。弁護士や研究者、公務員である女性たちがどれほど苦労してきたか、それをジェンダー差別と呼べるまでにどれほどの障壁があったか。その苦難への共感がフェミニズムの基本を支え、女性団体の運動を牽引してきた。

分断統治を見抜く

#MeToo運動の特徴は、被害の中でももっとも語りにくかった性被害について、具体的な経験を語り「性暴力被害者」であるとカムアウトしたことにある。これがどれほど勇気の要る行為であるかは、男性の性被害者のカムアウトが希少であることを考えればよく

わかる。あらゆる運動は「数」が大切だ。MeToo という言葉とともに次々名乗りを上げる人たちが増えていくことで、海を越えて日本にもそれが伝わってきた。

多くの人たちが反対運動に集えば、膨大な数は可視化され為政者を恐怖に陥れる。それは原始的な恐怖である。高いところに上ると下界がよく見える。高所に上れるのは少数しかいない。そこから見えるのははるか下界の大勢の人々である。その光景は支配欲を満足させると同時に、支配対象が牙をむいて反撃してくる潜在的恐怖をもたらす。だから支配者は必ず対象を細分化して互いに競わせる。家族内のいざこざを嫁姑問題として女同士の戦いに矮小化するのもそのひとつの例だ。この「分断統治」を見抜き、少数者や支配される側は数でまとまらなければならないのである。

DVもそうだが、防止法が成立したからといって、多くの人々（特に男性）の結婚や夫婦・家族についての常識が大きく変わるわけではない。二〇〇一年にDV防止法ができてからほぼ毎年、DV防止月間と定められている一一月には、全国津々浦々の男女共同参画センターに呼ばれて講演をしてきた。その歳月をふり返ってみるが、残念ながら男性の妻に対する考え方は大きく変わったとは思えない。日本のトップエリートである男性たちが、前時代的な女性差別的な言葉を、「何が悪いのか」とばかりにインタビューで語る姿には、怒りというより「またか」という無力感しか覚えない。

しかし法律ができることで、時間はかかるが少しずつ現実が変わってきたことも事実だ。二〇一七年の一一〇年ぶりになる性犯罪に関する法律改正（性犯罪に関する「刑法の一部を改正する法律」の制定）は、不十分ではあるもののレイプや近親姦をめぐる現実を少しずつ変えるだろう。犯罪化されることが最も確実な抑止力になることは、残念ながら事実である。DVは暴力であり犯罪であるというキャンペーンは、身体的DVの減少につながってきた。男性の側に、パートナーを殴ったらまずいという意識が生まれたからだろう。妻から被害届を出されたら警察に留置されるという現実が、抑止したのである。

あらゆる女性はフェミニストである

性的アイデンティティは人間の自我意識の中核をなすと言われている。LGBTをはじめとする性的少数者の抱える困難さは、このアイデンティティが世の中に位置づけられていないこととつながっている。このようなジェンダー（社会的につくられた性別）にまつわる困難さを最初に自覚した大先輩が、フェミニストたちである。女性は男性より劣った性であり、男性の性的対象でしかないと気づかされる瞬間は、女性なら誰にでもあるのではないか。それは「当たり前」の世界が崩れるような感覚を伴う。こうしてあらゆる女性はフェミニストになるのだ。フェミニズムも、さまざまな系譜に分化しつつあるが、シンプルな原点はそこにあると思う。

個人的なことを書けば、祖父も父も私を性的対象として見るまなざしを向けたことはなかった。一九七九年、九〇歳で亡くなった祖父は、聡明で頭のいい女性（平塚らいてふや柳原白蓮など）を崇拝しており、はっきり自己主張する女性がタイプだった。教師だった祖父が教え子でピカ一の秀才であり、美人の祖母を見初めたのは当然だったろう。明治生まれとしては相当な変わり者だったはずだ。

祖母は今でいう優秀なビジネスウーマンタイプで、孫から見ても頭の回転が速かった。教育ママでもあり、二人の息子たちを軍人と医者にすると決めてそれを実現した。長男だった父は海軍大尉として、アニメ『この世界の片隅に』（片渕須直監督、二〇一六）に一瞬だけ姿が登場する航空母艦隼鷹《じゅんよう》に搭乗して、米軍の艦砲射撃にあい頭部に被弾した。大日本帝国海軍至上主義だったが、軍人としての思想的背景は脆弱であり、むしろ成功者たれという資本主義的精神の体現者だった。意識不明になる重傷を負ったが命拾いをし、婚約者だった母と結婚をして、敗戦の翌年（一九四六）に私が誕生した。

父は長女である私に、「女なんだから」とは一度も言ったことはなく、女らしさを期待しなかった。かわりに教育パパとしてひたすら成績向上を願い、教育投資を惜しまなかった。いつも私に「鶏頭となるも牛後となるなかれ」と言って聞かせた。一九六〇年代半ばに、娘を東京の国立女子大学に進学させることは、私の故郷の岐阜では稀なことだったが、父と祖父が後押しをしてくれた。

女子大学に進学したのも幸いし、ちょっと鈍かっただけかもしれないが、いわゆる女性差別的言動を受けることなく卒業した。実は私が女性であることを初めて突きつけられたのは、同性である母からのひとことだった。

卒業後に、哲学から臨床心理学に専攻を変えたいという私の要求に、父や祖父は賛成した。ところが母は、二人きりになった際にぽつりと「女なんだから」と告げたのである。その瞬間、自分の足元が崩れていくような感覚に襲われた。メリメリと地面が割れる音さえ聞こえたのである。その瞬間は何も言い返せなかったのだが、同じ女性である母の言葉ゆえに二重のショックだったと後で気づいた。

研究生の申し込みのために訪れた名古屋大学の構内を歩きながら、私は残る人生を、女性である口惜しさだけをバネにして生きていける！　とさえ思った。あの日目にした、芽ぶいたばかりの淡い緑色をした銀杏並木の光景を今でも思い出す。母に言われたあのひとことが、私をフェミニストにさせたのだと思う。

その後カウンセラーとして仕事をするようになり、数えきれないほどの女性から、父や夫からの暴力被害を聞かされることになった。同業者の中には自分の経験を語る人も多いが、これまで私は自分にそれを禁じてきた。隠すという意識はなかったが、クライエントである人たちから「私たちとは違うんだ」と思われることを避けたかったのかもしれない。父も祖父も酒をたしなむけれど依存症ではなく、酔っても決して乱れなかった。仕事でアルコール依存症の人たちにかかわるようになって、これまで知らなかった世界を知ったのである。

父と祖父はしょっちゅう口論していた。意見の相違は明確だったが、怒鳴ったり殴ったりはなかった。記憶にある家族の光景は、全員が自分の意見を主張し合う騒々しい団欒である。ＤＶ問題にかかわるようになって、言い合いや口論と、怒鳴って封殺することは違うのだと学んだ。そして父から、もちろん祖父からも一度も暴力を振るわれなかったことが、どれほどありがたいことかと思った。

何より重要だと思ったのは、父と祖父が私という娘（孫）に対して「女のくせに」「女はこうだ」といった性差別的態度を一切見せなかったこと、そして「性的存在」として扱わなかったことである。私が性差別と性虐待は表裏一体となっていると思うのは、このような個人的経験からきている。私の原家族は、子育てにおける「性的」禁忌を共有していたのだと思う。それに気づいたのも、カウンセラーとして性虐待被害の経験者に数多く会うようになってからだ。

子どもは、父親（祖父）のまなざしに性的なもの（関心・欲望）を鋭く看取する。おそらくそれは非力な存在である自分を守るために与えられたセンサーだろう。それを破って侵襲する性虐待は、子どもに自分が悪いという思いを抱かせセンサーを歪ませる。父・祖父によって、私はそのセンサーを歪ませることはなかった。

古稀を過ぎて思い返せば、思春期以降の私は、ずっと父（時には祖父）の期待と評価に支えられてきた。優秀で利発な女性こそがすばらしいという価値観においては、父も祖父も一致しており、二人が私の人生を後押ししてくれたのだ。温厚だった文人の祖父も、企業の経営者として成功したかった父も、きわめて現世的な人物だったが、私が男性と対面するときのバックボーンはふたりから守られているという感覚だった。性的存在としてでなく、ひとりの人間として正当に評価されてきた経験は、今の私を支える基本的自信につながっていると信じたい。

二〇一八年二月四日に父が亡くなった。満九六歳を目前にした大往生だった。あまり個人的なことは書かないようにしてきたのだが、父のことを思い出すたび、性と暴力の問題から私を守ってくれたことへの感謝の念が湧いてくる。斎場で棺の中の父を見つめながら、最後の言葉をこう告げた。

「おとうさん、ありがとう」

子どもへの暴力と性的まなざし

自分の経験をふり返ってみても、改めて思う。娘を父親は絶対に殴ってはいけない、と。社会的地位がある父親がひどく娘を殴っている。中には息子には決して暴力をふるわないのに、娘だけを殴る父もいる。多くのハイキャリアの女性から、「私、父からずっと殴られてきたんですよ」と何かの拍子に聞かされることがある。目の前の、きらきら輝くような女性たちが、父から殴られつつどうやってここまで生きてきたかに、その瞬間思いを馳せる。親と同じエリートコースをたどっている彼女たちだが、華やかな印象とは裏腹に、ひどく自分に自信がもてないでいる。

殴られた経験を「あんなことなんでもない」と過小評価しようとするのは、親とも思いたくないあんな父親から、決定的影響を受けたことを認めたくないからだろうか、それとも過去がすべてポジティブ思考によって、自分の糧として読み換えられているからなのだろうか。およそ彼女たちとは不釣合いな、ダメな男性たちとつき合って苦労を重ねる姿も、共通している。

異性の親からの暴力は、娘にとって基本的な自信を根幹からばっさり切り倒されるに等しい。

また、「性的まなざし」も論外だ。まだゼロ歳の娘の胸を、「おっぱいピンピン」と言いながら突っつくことを、笑い話にしてはいけない。よくネット上で、「高校生の娘から『パパからのボディータッチやめてください！』と言われた〜笑」といったコラムを自慢気に書いている男性がいる。その娘がどれほどいやがっているか、どれほど逡巡して、笑い話に変換しながら抗議しているかを思うと、暗澹たる気分になる。性的傷つきは大まじめに主張してはいけないと思われているので、理不尽なことに、いつも笑いのネタとしてしか表現できないのだ。

娘は何故いやかをわざわざ解説しなければならないのだろうか。父親は親愛の情を示すために、すでに性的成熟を遂げている娘の身体にどうして触らなければならないのか。娘、時には息子に対して、家族は無性化されていなければならない。笑いによって誤魔化されてきたが、それらは子どもにとって一方的に侵入される経験である。自分の身体が親によって勝手に侵襲されてしまうという感覚は、子どもの尊厳を奪う。それでも抵抗できず笑わなければならない身になってもらいたい。父親は好き放題しているだけなので性的侵襲をしている自覚などない。自分が経済的に支えているから好き放題が許される、と考えているなら、まさにそれは植民地主義であり、買春の行動そのものではないか。自分が使ったコップで娘に水をわざと飲ませてニヤニヤ笑う父に、どう説得したらいいのだろう。彼らの「イノセント」な姿を見るにつけ、女性は数でまとまり被害体験をシェアする必要があると強く思う。子どもを傷つけたらまずいという意識が少しでも生まれれば、性的侵襲をめぐる現実は少しずつ変わっていくだろう。

第4章 トラウマと時間

セクハラ元年、メディアの変化

その最中にはまったく見えないが、のちに振り返って「あの年がすべての始まりだった」と総括できることがある。二〇一八年は、おそらく日本における「セクハラ元年」として振り返られるのではないだろうか。年末恒例の清水寺貫主《かんす》による「今年の漢字」は、「性」がふさわしいのではないかと思ったほどだ。レスリングの伊調馨選手が受けた監督からのパワハラ問題、ジャニーズTOKIOの山口メンバーによる未成年女性に対する強制わいせつ容疑、買春行為による新潟県知事辞任、同じく新潟で起きた小学生女児殺害遺棄事件、さらに財務省事務次官による女性記者へのセクハラ、狛江市長のセクハラ辞任などなど、数え上げればきりがない。

セクシュアル・ハラスメントという言葉が日本に登場したのは、一九八〇年代半ばであり、すでに述べたように一九八九年には当時の流行語大賞にも選ばれている。それから約三〇年が経っているにもかかわらず、セクハラ元年などと呼ばなければならないことは、残念以外のなにものでもない。

テレビを見て「フラバる」

連日のセクハラ問題のニュース報道を見て、フラッシュバック（以下ＦＢ）が起きる女性が多いことはあまり知られていない。この言葉が日本で広がる前は、そのような経験をどのように名付け、理解していたのだろうか。ＦＢについては、トラウマという言葉と同様に九〇年代から、特に阪神淡路大震災以降広がり、今では半ば日常用語に近くなっている。ＦＢが出現することを、「フラバる」、「フラバってしまった」、などと言うこともある。

トラウマは想像を絶する恐怖の記憶を指すが、その強烈さゆえに一般的な記憶についての理解とは別の認識が必要となる。トラウマによって生じる不快な症状のことをＰＴＳＤと呼ぶが、一般的にそれと混同されて用いられていることにも、留意が必要だろう。

ところで、ＦＢとは具体的にはどのようなものなのだろう。

三四歳のミユキさんは、デザイン事務所に勤めている。残業で疲れ果て、いつものラーメン店で食事をして帰宅した。帰宅してから気を遣う人が誰もいないことが一人暮らしの気楽さだ。部屋の灯りをつけてテレビのスイッチをいれる。

画面に映っているのはTOKIOの山口達也だ。涙を浮かべて「申し訳ありません」と深々と頭を下げている。TOKIOのファンではないミユキさんは、ぼんやりとソファに横になって画面を見ていた。女子高生が呼び出されて、部屋で酔った山口にキスされたのか……ふーん、そうなんだ、と思いながらリモコンでザッピングすると、どの局も同じ映像を流している。しかたがないので、結局もとの局にチャンネルを戻した。

画面はスタジオに切り替わっていたが、キャスターは怒りに満ちた表情で、「被害を受けた未成年である女子高生が……」と語った。その瞬間、「被害」という言葉だけがクリアに耳に飛び込んできた。ミユキさんの頭のなかで「被害」という言葉がグルグルと回り始めて、わけがわからなくなる。ヒガイ、ヒガイ……女子高生が「被害者」だったとすれば、ひょっとして私も？

いやそんなはずはない、山口の部屋に入り、ソファに押し倒されキスを強要されて逃げ出した。そんなことになったのは女子高生が軽率で無防備だったからではないのか。そうに違いない。しかしキャスターははっきりと言った、「被害」を受けた女子高生と。

突然、ミユキさんは、一八歳になったばかりのあの夜の記憶がくっきりと浮かび上がってくるのを感じた。まるで舞台の緞帳《どんちょう》がするすると上がるようだった。

ミユキさんは高校を卒業後、志望する美術大学に合格できず、予備校に通いながら夜はアルバイトをした。中学校時代は不登校だったが、高校は必死で通った。卒業して、志望する美大に合格すればこの家を出られる、その思いがミユキさんを駆動したのだ。このまま親と暮らしていたら壊れてしまう。図書館で、自室で、ルネサンス初期の絵画を見ている時だけ呼吸ができる気がした。その世界に触れ、自分でも表現してみたいという希望だけが自分を支えていた。

世間体を異様なほど気にする両親は、ミユキさんが有名美術大学を受験することに反対はせず、親戚にも吹聴してまわった。しかし不合格がわかったときから、「親に恥をかかせる気だったのか」「親戚に合わせる顔がない」と罵倒しつづけ、ミユキさんは逃げるように上京した。親族でたったひとりの理解者である祖母が援助してくれたお金で、美大の予備校に入った。それでも生活費は不足したので、必死でいくつものバイトを掛け持ちした。

予備校は、少しばかり名の知れた新進画家を講師に揃えていた。そのうちの一人、三〇代半ばの講師が金曜のデッサン講座の終了後、食事をごちそうしてくれた。憧れの講師に誘われ、美術への熱い思いを聞いてもらったミユキさんは、まるで夢の世界に足を踏み入れたようだった。勧められるままに白ワインを飲み、気がつくとタクシーの中にいた。


テレビ画面を眺めながらミユキさんは、講師の部屋のベッドで目を覚ましたことをはっきりと思い出した。痛みとともに起き上がり、ひとりで身支度をして熟睡したままの彼を残して翌朝、部屋を出たこと、駅までの並木道にカラスが何羽も止まっていたこと……。ひとつひとつがジグソーパズルのピースのように、バラバラのままに浮かんできた。それはミユキさんにとって新たな混乱の始まりだった。

実家を飛び出るように上京してから、今日までの生活を思い出すことはあまりなかった。現在《いま》がすべてなのだ、そう言い聞かせて生きてきた。結局美大に合格することはなかったが、アルバイト先のデザイン事務所にそのまま就職することができた。まじめな働きぶりは重宝がられ、なんとか経済的に自立できた。

しかし、ミユキさんには、これまでの人生のすべてがフィクションに思える時もあった。美大を志望していたことも、何もかもが虚構だったのではないかと。交際する男性もいたが、こんな自分と付き合ってくれることが信じられず、申し訳なくてわざと傷つけて別れてしまった。そしてそんな自分のことをさらに蔑むのだった。

時計の針が動き出す

それから一か月ほど、ミユキさんは混乱の中で懸命に記憶をたどることで、次のように自分の経験を語るまでに至った。

「振り返れば、私の人生の時計の針はあの夜で止まったままだったのです。それが、テレビでキャスターの『被害』という言葉を聞いて、突然針が動き始めました。私は、三五歳の講師にあこがれていました。それまで、誘いにホイホイ乗り、未成年なのに白ワインを飲み酔っ払ったことが原因で、すべては自分が『ふしだら』で『甘い』から起きたことと思っていました。ベッドでなぜ抵抗しなかったのか、私が彼を誘ったんじゃないか、ともずっと思っていました。やっぱり親から罵倒され続けたとおりの、意志の弱いふしだらな私なんだ、と。でも、キャスターの言うように、あの女子高生が被害者だとすれば、一八歳の私も『被害者』だったのではないか。突然そう思ったのです」

「それから次々といろいろなことを思い出しました。それまで忘れていたわけではありません。どこかにぼんやりと、行き場のない記憶として存在していたのです。あのできごとの後、予備校時代の友人のアパートに酔って押し掛けたり、酔うと必ず下着一枚の姿になってひんしゅくを買ったりしたことも思い出しました。ふしだらでどうしようもない自分であることを証明しなければと思っていたのでしょうか」

「ネット上で女子高生を責める言葉を読むたびに、それが一五年かけて自分をしばってきた見方と同じだと思いました。でも、その何十倍も強い言葉で、『被害者』をケアし『加害者』の責任を問う報道が流れているのを知って、涙が止まりませんでした。私は責任を感じる必要がなかったんだ、それどころかちゃんとケアされてもいいんだと知ったのです」

「被害者」として扱われることの意味

トラウマ記憶についてもっと多くの人に知ってもらいたいと思うのは、このような話を聞いた時である。実は、私たち援助者のあいだでもこういった経験についての見解が共有されているわけではない。

なぜミユキさんの人生において、時計の針が止まったままだったのか。それはできごとの衝撃の強さや恐怖によるところが大きい。トラウマ記憶はしばしば忘れてしまったり、空白となって意識にのぼらなくなる。このような整合性を失った記憶は、時に「認知」そのものを歪ませることになる。

たとえば、次のようなことが起こる。

①少し思い出しても怖いのだから全部思い出してしまうともっと怖い、という認知が生まれる。それゆえ、その記憶を閉ざしてしまうのだが、そのうちに関連する記憶すべてを遠ざけるようになる。あるできごと↓それが起きた場所↓駅名↓電車といった具合に、恐怖の連鎖が起き、最終的には電車に乗れなくなることもある。

②次は、現実を回避するために感覚麻痺が生まれ、それが現実感の喪失につながっていく。ミユキさんの「人生はフィクションだ」という認知は、そんな麻痺の表れともいえる。それが重度になると、自分そのものを感じなくしたい、無くしてしまいたいと願い、解離という症状となって表れることもある。

③もうひとつは、ほんとうは私が悪いのだ、という認知である。ミユキさんは「自分が悪い」ことを証明するために、さまざまな自罰的な性行動が起きていたことを回想している。女性の「性依存」と呼ばれる行動のかなりの部分が、このような背景をもっていると私は思う。女性の奔放な性行動を、性的欲求の強さと結びつける見方が多い。しかしその陰に、性被害が潜んでいるかもしれないのだ。彼女の自傷的で自罰的認知が、自分を傷つけるような性行動に向かわせるのではないか。女性の（時には男性の）性依存症を性被害と関連づける必要があると思う。

冷静に考えればいずれも非合理的だが、できごとの恐怖や衝撃から自分を守るためにそのような認知が生まれると考えられている。

多くの報道が、被害者擁護と加害者の責任追及という姿勢で統一されたことをＰＣ（ポリティカル・コレクトネス）ととらえて、あまりに教条的だと批判する人もいるだろう。しかし私はやっとここまで来たという思いを禁じ得ない。多くのミユキさんのような女性たちが、メディアによって「被害者」として扱われることは、刻印された「すべて私が悪い」という残酷で歪んだ認知から自らを解き放つ契機になるのだ。

トラウマによって記憶がどのように断片化し、脈絡なく散乱するか、そして整合性を失うかを多くの人に知ってもらいたい。すべては、衝撃的なできごとから自分を守るために生じるのだが、それが現実への不適応や自己の統合感の不全を生んでしまう。

ＰＴＳＤは「異常な状況に対する正常な反応」と表現されることがあるが、そのような理解が生まれる前は、多くの「被害」を受けた人たちは「病気」や異常者として社会から排除されてきただろう。私は七〇年代からこの仕事に就いているが、若いころに精神科病院で出会った女性（男性）たちのうち、どれほど多くの人たちがトラウマ、中でも性被害の影響を受けていたかと思うと、トラウマ研究の進展を心から歓迎したくなる。

ミユキさんの言葉を噛みしめながら、冒頭に述べたように、やはり二〇一八年は「セクハラ元年」だった、という思いを強くしている。

追記

二〇一八年をセクハラ元年と位置付けることができるだろうと述べたが、連載として本稿を発表したとき、正式にはセクハラ三〇年と呼ぶべきだというご意見が読者から寄せられた。たしかに「セクシャル・ハラスメント」が一九八九年の流行語大賞を獲得したのが幕開けだったと思う。それらは女性団体「三多摩の会」や弁護士や研究者などによって先鞭をつけられた。しかし、三〇年後の＃MeToo運動は、被害当事者からの告発や発言が、カムアウトも伴って原動力となっていることが決定的に異なる点だ。それに刺激されたのか『現代思想』（二〇一八年七月号、青土社）が「性暴力＝セクハラ――フェミニズムとMeToo」特集を組み、『アディクションと家族』（日本嗜癖行動学会誌、第三三巻二号）が「性暴力――被害と加害をめぐって」と題する特集をした。雑誌の特集記事は、正確にこのような世相を反映している。

トラウマと引き金

もともとトラウマはギリシャ時代には「傷」を表す言葉だったが、一九世紀に入って鉄道事故とそれによる大量死の発生をきっかけに、心的外傷ともいうべき精神的被害を指す言葉として注目されるようになったと言われる。もっとも大きなきっかけは第一次世界大戦であり、シェルショック（戦場ショック）という言葉も用いられた。心的外傷への注目は、大きな不幸（災害や戦争）によって起きたのである。日本では遅まきながら一九九五年一月一七日の阪神淡路大震災によって注目されるようになった。

すでに、戦争の被害は前線で戦う男性だけでなく、戦う相手国の女性に対するレイプや性暴力を伴っていると述べた。災害や戦争のトラウマはいわゆる国家・社会的規模の被害だが、国家の対極である親密圏の家族のトラウマにも並行してスポットライトを当てる必要がある。

「命あってこそ」という言説が覆い隠すもの

トラウマに関する研究やPTSDの治療法は、二一世紀に入り飛躍的に進歩してきたが、それによって、初めて広範にわたる心（精神）の「被害」が掘り起こされることになった。きっかけは一九六五年から一九七五年の一〇年間にわたるベトナム戦争である。大量のベトナム帰還兵たちのPTSD治療の実態が、一九八〇年以降のトラウマ研究に大きな進歩をもたらしたことはよく知られているが、戦争という国家による暴力の被害と、対極にある家族という親密圏における暴力（中でも性暴力）の被害は驚くほど似ている。PTSD発症の危険性が高いのは、戦争などの生命危機にさらされることと性暴力の二つであると言われる。家族は、社会の荒波から個人を守る砦、安全地帯に見えて、もっとも敏感に国家レベルの闘争やその被害を反映する場所でもあるということだ。

七〇年代末のアメリカでは、DVや虐待が激増した。ベトナム帰還兵たちは死を免れて家族のもとに戻ったが、そこで妻や子どもにさまざまな暴力をふるったのである。それが八〇年代から始まる、アメリカ各州における家族内暴力の加害者処罰を可能にする厳しい法律の制定につながった。彼ら帰還兵は、自分が受け止められ、安心して自分を表出できるのは家族であると考えていただろうし、それは日本でも変わらない。それが妻や子に対する暴力につながったのだ。被害者が逃げるだけでは限界がある、加害男性こそ変わるべきという視点に立った史上初のDV加害者更生プログラムは、一九八〇年にアメリカのミネソタ州のドゥルースという小さな町で生まれている。

日本に目を転じてみよう。イラク戦争やベトナム戦争とは比較にならないほど苛烈だったのが第二次世界大戦である。膨大な数の戦死者と空襲によって焦土と化した街、さらに二度の原爆投下。命からがらという言葉がそのままあてはまるような戦争経験、その後の食糧難などが、精神的被害について語ることを禁じたのかもしれない。生きているだけでありがたい、という日本の状況が、心的外傷についての注目をタブー化したのだろう。命より大切なものはないし、それ以外の精神的心理的問題は「気のせい」「ぜいたく」であると考えられてきたのだ。

もうひとつは、戦勝国アメリカは旧《ふる》い軍国主義的日本を解放してくれたのだ、という思いがねじれとなって、アメリカによる「被害」を語れなくした理由かもしれない。白井聡の『永続敗戦論』（太田出版、二〇一三）によれば、戦後のアメリカ依存が加害・被害の奇妙な転倒を生み、加害を見えなくしたのである。このように、第二次世界大戦の心的被害は、隠蔽されたまま現在に至っているといえよう。

PTSD発症の引き金

さてPTSDの発症率は次の三つの因子に左右されるという。①トラウマ体験に曝される時間の長さ、②近接度（相手との距離）、③体験の強さ（侵襲の深さ）である。たとえば東日本大震災を例にとれば③の体験の強さ（実際の地震の揺れやテレビ報道で見る被災地の状況、津波の映像など）は比類のないものだろう。①の時間についても、地震と津波、その後の原発事故に至る長期間の経験がすべて相乗されることになる。

同じくトラウマ体験となりがちな性虐待をとらえてみると、①②③ともに異例づくめであることがわかる。

まず①についてであるが、何を基準にその長さを測るかはいろいろな考え方があるだろう。ここで重要なことは、自らの経験を「性虐待」と名付けることができるのはいつなのかという問題だ。たとえば、ある女性は、小学校三年生まで父親といっしょに寝ていた。

いつも下着を脱がされて父親が足を股の間に入れてきたこと。父親が指を動かすと奇妙に気持ちよくて、ときどきせがんだりしたこと。それは父との共通の秘密だったこと。これらが、性虐待だったのかもしれないと思ったのは三五歳を過ぎてからだった。彼女の仕事は小学校の教師だったので、教え子からのいろいろな話を聞くように努めた。ある日女子生徒から「パパがいつもお風呂に一緒に入ろうっていうからうざい」「ママは弟と寝てるの。私はパパと寝なきゃいけないから憂うつ」という話を聞き、突然父と寝ていた時の経験がよみがえったのである。彼女にとって小学五年生から三五歳までの時間は何だったのだろう。それは空白だったのだろうか。始まりから終りまでが、すべて曖昧なのである。

父から受けた行為の経験を、三五歳になるまで性虐待と名付けることはなかった。歳月が経って何かが引き金となり、名前のなかった記憶が性虐待の記憶としてよみがえる。これを想起という。彼女の場合、教え子の語る言葉が引き金になっているのは確かだ。でもそれだけではない。多くの被害者の想起は、その経験を名づける言葉を獲得していること、想起しても大丈夫な状況が（信じて支えてくれる人が存在する）整うことで起きるのではないか。しかし想起した後も、険しい道のりが待っている。

その時点から遡及し性虐待の想起が起きたとすれば、何十年という時の流れを再構築・

再編成するという気の遠くなるような作業が必要となる。それはある意味で性虐待被害者として人生を編み直すことなのだ。多くの被害者は精神的に混乱し、うつ状態となり、時には発作的に自殺を図ったりすることもある。この再編成に要する時間も、直接的虐待が行われてはいないものの、トラウマ体験に曝される時間として考えられるのではないだろうか。

この時間の長さ（奇妙な空白や実感のない時の流れと想起後の混乱）こそが、性虐待の大きな特徴である。先に述べた性犯罪に関する法律改正において、時効の問題は未だに手付かずである。

これもすでに述べたことだが、欧米では、性虐待に関しては時効を設けないところもある。性虐待と定義できるまでに、時には二〇年以上の時間を有するため、時効の起点を、性虐待が想起されたときにしなければならないと考えるからである。

日本ではまだその認識が完全に共有されていないため、性虐待を想起し、「あれがそうだった」と気づいた時には、もう時効になっているという悲劇を生む。被害者は苦しみ続けるいっぽうで、加害者はすっかり忘れていたり、加害を自覚せずにのうのうと生き続けることができるのだ。

②の近接度についても同様だ。性虐待の加害者の多くは父親である。時に継父や兄、叔父、伯父、祖父、弟であるが、いずれも同居中あるいは近隣在住の家族の一員である。相手との距離において家族ほど近しいものはない。もっとも安心できて子どもがすべてを委ねてもいいと思える人間が、加害行為に及ぶのだ。それによって、基本的な愛着《アタッチメント》関係の形成が根底から妨げられてしまう事態がもたらされるだろう。

もうひとつの近接度は、性虐待そのものが子どもの身体への侵入であるという視点と関係する。手の指で、足指で、舌で、時には性器で加害者は子どもの身体（性器、口など）に入り込む。中には侵入のもたらす影響を計算し（自己保身のためレイプにならないよう）、身体を触らせたり、自分の性器を触らせたりする。

相手との距離が近いだけでなく、むしろ相手が入ってくる（距離はマイナスとなる）ことによる影響をどのように考えればいいのだろう。もっとも近しい存在（肉親）が自分の身体に侵入したこと、これは外界との境界である身体そのものに加害者が侵入してしまったことを意味する。同意や合意といった判断力が形成される以前にすでに侵入されている場合（その意味するところを事後的に知るのだ）、自分の身体を加害者（相手）から分化させるにはどうすればいいのか。

性虐待のみならず性暴力すべてが、近接度の点で他の犯罪と大きく異なる。殴られる、刃物で刺される、といった瞬間的な暴力ではない。侵入する暴力は女性（時に男性）被害者にとって自分の身体と加害者の身体との境界を破壊されることであり、相手を否定することは自らの身体を否定することと同義となる。人間関係の距離がうまくとれないことは、さまざまな問題をひき起こすことになるが、性虐待の被害は、対人関係における距離感を根底から歪ませるのではないか。

かつてレイプは凌辱＝「辱め」と表現された。「夫に申し訳ないので死にます」という女性の言葉にあるように、夫への貞操という男性中心的価値観によって、レイプは女性の問題として矮小化され歪められて理解されたのではないか。しかし、夫に申し訳ない、傷ものになってしまい将来の夫に申し訳が立たないという理由から、彼女たちは死にたくなるのではない。何の心の用意もないまま突然行われる性的侵入は、意志をもった人間であることを否定されることであり、まさに暴力以外の何物でもない経験なのである。被害女性は、夫のためでなく、恥からでもなく、ひとりの人間として受けたこの上ない暴力ゆえに、死にたくなるほどの苦しみを味わうのだ。ギリシャ神話から近代文学まで、そのことに言及したものはとても少ない。男性目線による記述は、レイプ被害を曲解しているのではないだろうか。

③侵襲の深さにおいても、性虐待は特筆されるべきだ。九州在住のある女性を例にとろう。

職場でパワハラに遭って休職中のDさんは四〇歳、夫と二人暮らしだ。二歳年上の兄は、Dさんが小学校六年生のころから、夜遅く部屋にやってくるようになった。幼いころから威圧的だった兄は、部屋に無言で入ると下半身を露出した。驚いているDさんの右手に勃起した性器を握らせて動かし、射精した。そして無言のまま自室に戻って行った。頻度は覚えていないが、週三回程度だったのではないか。それは兄の高校入学まで続いた。彼女は毎晩、「今夜は兄の性欲が湧きませんように」と祈っていた。広い家だったが、両親は同じ二階に寝室があったのだから、まったく気づかなかったはずはない。Dさんはなぜか秘密にしなければならないと思い、両親にそのことを告げなかった。そしていつも翌朝は兄もDさんも何もなかったかのように食卓を囲んだ。

兄の行動が何を意味するかは、ある時、保健体育の授業でわかった。先生は「男性の性欲は動物のそれとは違います。抑えきれないとか本能だとかいうのは間違った考えです」とはっきりと言った。兄は性欲をどうして抑え切れないのか、という彼女の疑問は、先生の説明で氷解した。男性が性欲を制御できないという考えには根拠がないことがわかった。兄はあの行為を選んでやっていたのだ。

そしてDさんは「私は拒まなかったし、受け入れたのだ」と考えた。「汚れてしまった」「ふつうの人が大人になって愛する人とするようなことを、兄としてしまった。誰にも言えない。自分は異常者だ」という思いは、まるで消えない烙印のようにその後の人生についてまわった。大学生になってからも、自分には恋愛して結婚する資格はないと思い、まして自分が親になることなど想像もできなかった。

卒業後、実家から遠く離れた九州で公務員になり、逡巡の末、三八歳のとき結婚した。相手は、妻が病没して悲嘆にくれていた職場の同僚だった。しかし兄とのことはひとことも語ってはいない。兄は大学卒業後打って変わって社交的な人間となり、今では地元の地域振興を引き受ける顔役となっている。両親と同居して子どもも三人いる。結婚後久々に実家に戻ったとき、屈託のない兄の歓待を受けながら混乱が深まり、いったい自分の経験はなんだったのかと考えるようになった。そして、初めて自分の経験を語りたいと思い、カウンセリングにやってきたのだ。

Dさんの場合、兄の行為をリアルタイムで自覚していた点で、封印され記憶が凍結されがちな児童期までの性虐待とは異なっている。しかし、フラッシュバック（FB）のような症状がない代わりに、鮮明な記憶と共に生きなければならなかったのである。それは、誰にも言えない孤立感と、「自分は異常者だ」「汚れている」という強烈な自己否定を伴うものだった。

Dさんの親はなぜ気づかなかったのか。娘に関心を払い、日々の様子の変化に敏感だったら、気づいたに違いない。何かが起きたことに気づいただろう。多くの加害者がそうであるように、兄は妹が決して親に訴えたりしないことを知っていた。万が一訴えても、妹が嘘を言っていると判断されるに違いないという自信もあっただろう。すでに述べたように、性虐待加害者は多くの場合バレないように用意周到で、計画的である。初回の成功によって、次からは準備して実行される。痴漢などの性犯罪においても、彼らの計画性はみごとなまでだ。それに、妹の部屋に深夜忍びこんでいる気配を感じていたとしても、あの親はきっと何もなかったことにするはずだ、そんな妙な自信があったからこそ、兄は実行しつづけたのかもしれない。

責任の所在

これらPTSDの発症率の三要因からみても、性虐待がいかに深刻かがおわかりいただけただろう。しかし、我々専門家の中にも、今でも性虐待に関しては当事者の発言を信じない人が多い。加害・被害のあまりに明快な二極化からは、科学的で中立的であろうとする専門家ほど距離をとりたくなるのかもしれないし、敵・味方という政治的《ポリティカル》な関係が生じがちであり、それに巻き込まれることが予測されるためについついたじろいでしまいがちになるだろう。

しかし、被害者・加害者という視点こそが最も重要なのだ。Dさんは被害者であり、何の責任もない（イノセンス）ということを他者から繰り返し伝えられ、自分に必死で言い聞かせなければ、これ以上生きていけないかもしれないのだ。孤立し、幸せをあきらめ、永遠に理解されることを断念する過酷な人生をなぜDさんが送らなければならないのだろう。責任は、加害者＝兄、それを放置した親にこそあるのではないか。

Dさんと兄のあまりに不平等な現実を知ると、加害・被害という判断の枠組みと、犯罪化（加害者処罰）こそがすべての第一歩だと思わざるを得ない。家族の常識や肉親の情といった夾雑物《きょうざつぶつ》を排除して、加害者・被害者を明確に措定し、一生を左右するような行為を行ったことへの責任を取らせることこそ、公正（フェア）で中立的態度ではないか、と思う。

家族の深海部分で起きている性虐待と心理職の役割

本書の執筆中、「公認心理師」の第一回試験が実施された（二〇一八年九月九日）。ここでは新たな資格について触れながら、日本の心理相談・カウンセリングの現状について説明したい。それは本書のテーマでもある性にまつわる諸問題（中でも家族における性暴力・虐待の加害・被害）の相談に大きくかかわってくると思うからだ。

公認心理師と聞いてもピンとこない方のほうが多いだろう。一言で言えば心理職の国家資格のことである。その元となる公認心理師法は、二〇一五年九月九日に議員立法により成立し、九月一六日に公布された。二年後の二〇一七年九月一五日に施行され、第一回公認心理師試験が二〇一八年の九月九日に実施されたのだ。この法律に関して詳しく述べることは省くが、約三万五〇〇〇人が受験し、二万七八七六人が合格した。

一部では最初で最後の大型国家資格と言われ、試験の参考書などは発行するたびに

Amazonで品切れが続出するほど売れたようだ。すでに心理職として働いている人たちが受験資格を取得するための現任者講習会も会場が足りないほどで、追加講習が開催された。四日間（五日コースもあった）の研修は厳しい条件のもと実施され、正直それだけでもへばりそうだった。二〇一八年一一月に合格発表があり、二〇一九年三月に登録を済ませ、めでたく私も公認心理師の仲間入りができた。

公認心理師という肩書

これまで何冊も本を書いてきたが、私は自分の肩書にいつも悩んできた。最初に出版した『「アダルト・チルドレン」完全理解』（三五館、一九九六、後に『アダルト・チルドレンという物語』文春文庫）ではサイコロジストと名乗っている。その後カウンセラーや臨床心理士を肩書としているが、いまも居心地が悪いのは変わらない。医師や看護師のように国家資格であれば問題はないだろう。しかし心理職はそうではない。誰でもカウンセラーと名乗れるのだ。時にはその状況を逆手にとってカウンセラーと自称してきたのは、臨床心理学を担う多くの研究者や実践家とはちょっと外れたところで仕事をしています、というアピールだったし、カウンセリングを身近に感じてもらうという戦略からだった。

他の分野の人からは、「心理カウンセラー」の信田さんと呼ばれてきたが、カウンセラーという肩書だってこれまでは勝手に名乗ってもよかったのだ。ネットで検索すればわかるように、親子関係専門カウンセラーとか、ACカウンセラーなどといった資格を自称して開業している人は数えきれない。カウンセリングなるものを求める人は増加の一途をたどっているいっぽうで、ネット上の宣伝が質の担保にならないということは誰にでもわかる。一歩間違えば倫理上の問題も起きかねない仕事なのに、国家資格がないためにその保証も質の担保もできないのがこれまでの状況だった。

私たち心理職はずっと国家資格を求めてきたが、様々な理由でそれは頓挫し続けてきた。すでに一九五〇年代から日本応用心理学会を中心として、臨床にかかわる資格制定に関する検討は始まっていた。その後七〇年代初めの、日本臨床心理学会の「反専門性」を掲げる運動によって、心理テストをはじめとする専門性がいかに患者を抑圧してきたかという批判が内部的に高まり、結果として学会は分裂したのだった。このあたりに関しては堀智久による『障害学のアイデンティティ――日本における障害者運動の歴史から』（生活書院、二〇一四）に詳しい。

一九八二年に新しく日本心理臨床学会が誕生し、その後一九八八年に日本臨床心理士資格認定協会が設立された。現在の私の肩書でもある臨床心理士はその協会の認定によるものである。文部科学大臣の認証を受けていることがそのポイントである（厚生労働大臣ではない）。協会の指定大学院修了が受験資格となり、かなり難しい試験を合格した後も、厳密な研修を受け続けなければ五年ごとの資格更新は認められない。

このような高い専門性を要する臨床心理士資格がそのまま国家資格にならなかったのはなぜなのか。三〇年近くにわたり国家資格化を望みつつも、精神科医という医療ヒエラルキーにおけるトップの座を占める存在が、大きくたちはだかっていたのである。

看護師も薬剤師も、医師より上位の資格であるはずはない。大学院修了後に臨床経験を積んだ臨床心理士が国家資格になることは、医師・精神科医療、さらに厚生労働省から成る既成の構造を維持するためには認められないことだったろう。「医師の指示」なのか「医師の指導」なのかという文言をめぐる攻防が続き、医師との関係が争点となり続けてきたのである。

我々は妥協を強いられ続けてきたと思うが、苦難の末にやっと公認心理師法が成立したのである。もともと私たちが望んだ内容からすれば、一〇〇％満足がいくものではないが、それでも半世紀にわたる悲願がいちおうの決着をみたことは評価したい。精神科病院で仕事を始めた七〇年代初頭の私が味わった深刻なアイデンティティの不安を、後に続く若い人たちが経験しなくて済むとしたらそれは喜ばしいことだろう。これからは多くの公認心理師が続々と誕生することを願っている。

被害を自覚するまでの時間

本書にこれまで多く登場した人たち、父や兄、時には弟や祖父といった家族、叔父、伯父などによる身内からの性虐待の被害者にとって、ここまで私が述べてきた資格問題はどのようにつながっているのだろう。

たとえばお酒の飲み方の問題であれば、アルコール専門外来を謳う精神科クリニックや病院を受診すればいい。本人に当事者の自覚がなければ家族が受診する方法もあるし、公的相談機関（精神保健福祉センターや保健所）なども窓口となる。子どもの不登校であれば、教育相談も機能するだろう。ところが、ＤＶのような家族の暴力に関してはいったいどこに行けばいいのかがわからない。

教科書的に言えば、地方自治体はＤＶの相談窓口を設置する努力義務があるが、その数は限られており、とりあえず電話相談をするとまず逃げることを勧められるというところもある。ＤＶ以外にも、病気かどうかわからない、困ってはいるもののどう名付けていいかわからない問題の数々がある。そんな時、地方の中小自治体に住んでいる人たちは、訪れる場所としてまず医療機関を思い浮かべるだろう。某県の知人は、小学校六年生の姪が二週間学校に行かなかったとき、まっさきに大学病院の精神科を受診させるように弟にアドバイスしたという。

これを批判するのは簡単だが、困ったときにはまず医療という発想が浮かぶことを責められるだろうか。家族の問題をどうしようかと考えた時、相談先の選択肢の乏しさは、二一世紀になっても変わらないままだ。インターネットに親しむ世代は、支援してくれるところを検索してみるものの、遠方だとあきらめてしまう。医療機関で改善が見られない人、さもなくば相談そのものをあきらめてしまう人たちの多くは、新興宗教につながって救済を求めるのかもしれない。

それでは性被害はどうだろう。ワンストップセンターは二〇一〇年の大阪SACHICO

を第一号として、現在では行政が関与する性犯罪・性暴力被害者のためのワンストップ支援センターが各都道府県に一か所ずつ設置されるまでに至っている。また被害者の治療・相談のために公的資金が使われるようになり、性暴力救援センターの全国組織もできて、全国研修も毎年のように行われている。性暴力をめぐる法律の整備が進むにしたがって、一〇年前には考えられないほどの広がりを見せていると言っていいだろう。

しかし、ここでいう性暴力の多くは強制性交やその未遂を指しており、本書が対象とする家族における性暴力の問題はそこではなかなか掬いとることが難しい。二〇一七年の法改正によって、初めて家庭内の性虐待への処罰規定が「監護者わいせつ罪」「監護者性交等罪」として新設されたにもかかわらずである。

ところで、「Twitter 上で「#私が父親を嫌いになった理由」が話題になった。自分が幼い頃、父親に性的な行為・言動をされて不快だと感じた経験を、女性たちが打ち明けている。二〇一八年八月九日配信のハフィントンポスト日本版（https://www.huffingtonpost.jp/2018/08/08/watashiga_a_23492756/）によれば、この投稿を呼びかけたのは、Twitter ユーザーの「サクマにな子」さんだという。彼女は取材に応じた際に、まず投稿が日本の現状を浮き彫りにしてくれたと述べ、次のようなコメントを寄せている。

個別に「家族にも言えなかった。辛かった。言う場所をくれてありがとう」と、メッセージを頂いたり、警察に届けたのに「家族のことでしょ?」と、被害届を受理されなかったという話が、ポンポンとありました。

父親の立場の人には、子供の「ノー(否定)」を受け止めろと言いたい。「ノー」を無視されたことが時限爆弾となり、大人になった日に理解し、爆発する人がものすごく多かったんですね。

私も父親からの「性加害」を受けました。暴力や暴言は、子供でも理解できますが、「性加害」は「大人になって理解した」と思います。

娘と父親で問題が多いのは、「女性」を軽視しているから(人間として見ずに「女」として見るから)、子供の「ノー」を受け止められずに加害をやめないんだと思います。

「他人にやらないことは『家族』であろうと、やるな!」。

「『家族』からの『加害』を、透明化させるのを、いい加減、やめろ!」と言いたいです。

この配信の後半部分に私のインタビューもアップされているが、投稿の数々が日本の現状を浮き彫りにしたという点に注目したい。氷山の一角というたとえがあるが、何事もまず最初に明らかになり話題となるのは物事の先端部分である。強制性交と呼ばれる性犯罪が真っ先に表面化し厳罰化が進んだことで、される方が悪い、隙があったという長年日本で（いや世界で）根強かった常識が少しだけ転換されたのだ。それが一般常識になるには気が遠くなるような時間がかかるかもしれないが、それでもぽっかりと水面から頭を出したことが、どれほど大きな意味を持つかは言うまでもない。

水面上に顔を出したレイプと呼ばれる行為の下には、子どもにとってもっとも重要で命を委ねた存在である監護者による性暴力が潜んでいる。そのはるか下の深海では、決して娘にレイプなどせず、笑いとともに「かわいがり」と不可分な状況で行われる、膨大な数の性暴力（性虐待）の世界が広がっているのだ。水中深く行われるこれらの行為は、これまでほとんど言語化されなかった。閉ざされた空間である家族は、まるで水中のような世界だ。家族にまつわる強固な幻想によって父親（加害者）たちは守られる。何をやっても「かわいがっている」ことになり、それを告発すれば娘は過剰反応だの嘘だのと責められ、彼らは正当化されてきたのである。

繰り返しになるが、性虐待の特徴は「大人になって理解する」という点だ。つまり自らの経験を「被害」として自覚するためには、長い時間が必要となる。第二次性徴期を過ぎ、性に関する知識を得てはじめて、父の行為の性的意味を自覚するのだ。この時差は記憶の問題とも絡み、フロイトの時代から現代にいたるまで「本人の捏造である」「誤記憶だ」という批判にさらされ、一九八〇年代末にはアメリカでは政治的問題にまでなった（これについては「あとがきにかえて」で後述する）。しかし現代ではほとんどの先進国でそのような論議は否定され、家庭内性暴力という犯罪とみなされるようになっている。

もうひとつの特徴は繰り返されるという点である。Twitter に投稿された内容……父からプロレスの技をかけられて胸を触られた……なども、たった一回の出来事を述べているわけではない。おそらく繰り返され、時には何年も続いたのだろう。

たった一度でも、子どもにとって性的なにおいのする行為は強烈な違和感とともに、別の世界（未知である異世界）を看取させる経験として記憶される。それは、非力な存在である子どもが自分を守るために、生存のために行うものだ。幼児期の父からの接触（さわる、なめる、抑える、抱きしめるなど）に子どもが鋭く反応し、記憶に留めるのは、未知で異界の行為を父という監護・庇護者が行うからだ。このギャップゆえに、通常の記憶にその経験をトレースすることができない。父からの性的関心は子どもにしてみれば「異物」「異世界」による「攻撃」「侵襲」として感知されるものなのだろう。

多くの投稿は、幼児期というより、思春期になった自分の身体を父が触るというものだった。ふくらんできた娘の胸を触ったりお尻に触る父親がこんなに多いのかと驚いた。娘を人間でなく女として見なければ、そんな行為は生まれないだろう。それは女性を蔑視することだとサクマになな子さんは述べている。心より娘を大切に思えば、決してできるはずがない。

そんな父親も、娘が痴漢に遭ったと知ると激怒する。なぜ彼らは怒るのか。それは、娘に被害を与えた加害者への怒りではなく、自分だけのものである娘に「手を出した」存在への怒りなのである。それを見て、「やっぱり娘はかわいいんですね」などと、世間の人はほめるので、彼らは娘を性的存在として扱い、所有することが娘をかわいがることなのだと信じて疑わなくなるのだ。

苦しみを受け止め、信じるということ

さて、自らの経験を性被害と自覚したら、いったいどこにそれを訴えればいいのだろう。おまけにそこには時差が横たわっている。前述のようにTwitterのような匿名性をもつSNSが登場して初めて、投稿し分かち合うこともできたが、やはり匿名性の世界ゆえの限界はあるだろう。

残念ながら医療機関はそのような問題に対して、ほとんど無力だと言わざるを得ない。症状化しない問題、それも記憶によって語られる問題を扱う場所ではないからだ。そうなると、一体、どこが適切なのか。何より「被害」を認定してくれること、つまり過去の経験を語るときにいささかの疑いもさしはさまない態度を示してくれることが被害者にとっては最大の条件である。

これまで臨床心理士の多くは、大学院や実習先の養成課程で、心理療法と名のつく実践を身に着けてきた。その多くは自己の洞察や成長をとおして「自分」を見つめて変わっていくことを柱としている。

しかし、父から習慣的に触られたことが「性被害」かもしれない、自分の現在にそれが大きく影響しているかもしれないという主訴で相談する人に対して、そのようなアプローチは果たして期待に添うものだろうか。被害ととらえるなんて親を傷つける勝手な思い込みではないかという疑いを、専門家自身がまず払拭する必要がある。中には、カウンセリングで、いつまでも親に執着するのは大人になり切れていないせいだと批判的態度をとられたと語るクライエントもいる。「性被害」者の抱く自責感の苦しみ、来談するまでの長い時間を十分に知ったうえで性被害の相談・支援・ケアにあたれる専門家が必要とされるのだ。

トラウマという言葉をあてはめればよい、トラウマ治療はすでにいくつかの方法が実践されているはずだ、と思う方もいるだろう。方法化されプログラム化されることは、援助の質を一定程度担保するのには有効であり、性被害の専門家を増やすには必要だと思う。しかしTwitter上に投稿された多くの女性の言葉には、どのような言葉で表わせばいいのかわからないという混沌が読みとれる。父の行為は性加害→娘は性被害者→トラウマ治療、といった順序立てては明快である。しかしそこからこぼれ落ちるようなためらい、迷い、自責、嫌悪、不安、時には恐怖といった割り切れない思い、それを定義する言葉を模索する苦しみを受け止めて、信じて聞いてくれる相談機関が必要なのではないだろうか。

公認心理師は国家資格であるものの、その活動をどのように展開していくか、どのようにカリキュラム編成するか、実習をどうするかに関してはまだ未定の部分が多い。これまでの心理職において、性被害者・性虐待被害者を対象とすることはどちらかと言えばマイナーな領域とされてきた。DV被害者ですら苦手意識を持つ人が多かった。そこには、司法的判断との連携が欠かせないし、ソーシャルワーク的な働きかけが要求されるからだ。

家族の深海部分で起きている性虐待被害について、被害者の立場に立ち、長いタイムスパンの見通しを持ちながら相談・支援・ケアできる専門家として、公認心理師が役立つ日が来るのではないか、そんなビジョンを描いている。被害は疾病でもなく障害でもない。その人の尊厳と生き方の根幹を破壊するものなのである。

このビジョンはさまざまな被害を受けた人たちの支援や尊厳回復にかかわり、当事者の立場に立つという点において七〇年代の「専門家による抑圧」（心理テストや心理療法が当事者たちを専門性の名のもとに抑圧すること）の告発の時代にも通じる気がしている。半世紀近くを経て、心理職への期待は再び原点に戻ったのである。

戦争神経症と家族のなかで起きる暴力

家族で起きている性にまつわる数々の問題、その被害者の多くが女性だったが、果たして現在の学問はこのような事態に貢献できているのだろうか。私が主軸を置いている臨床心理学においてはどうなのか。

臨床心理学は「心理学」から分化発展してきたものである。つまり人間の心理を科学的に研究する学問が、実際に（臨床場面において）どのように応用できるのかが臨床心理学の役割である。現在大学では、心理学は教育学部に入っていることが多いが、単体で学部をもっているところもある。臨床心理学は心理学と並んで別に学部を設けているところも多い。一九八〇年代から、臨床心理学に人気が集まり、現実の心の悩みや問題を解決する学問として多くの人に歓迎され学生数も増加した。

臨床心理士の資格は一九八八年にできたもので、その後スクールカウンセラー制度ができることでこの資格の知名度もそこそこ高まった。二〇一八年四月の段階で三万四五〇四名の臨床心理士が認定されている。

そもそも心理学は、非常に新しい学問である。日本においては、明治時代は法学や経済学、数々の自然科学の学問に比べて、心理学は哲学寄りの学問として位置づけられていた。世界史的にみてもギリシャ時代は哲学の一部だったのである。近代に入り、一七世紀のデカルトによる心身二元論の思想を経て、自然科学の発展も加わり一九世紀末には実験的心理学の研究が欧米で始まった。私の恩師である大学院の指導教官（松村康平）は、第二次世界大戦時に心理学者として軍隊に徴用された経験をもつ。彼はゼミで「日本の心理学は戦争によって発展してきたんです」と何度も語った。たしかに、戦場で兵士たちを襲うのは戦うことへの恐怖であり、戦闘前夜には極度の不安にさいなまれるため、そのような感情を制御できることが戦争においては欠かせない。そこに心理学の知見が活用されたというわけである。

デーヴ・グロスマン『戦争における「人殺し」の心理学』（ちくま学芸文庫、二〇〇四）によれば、第二次世界大戦中の兵士の発砲率は一五〜二〇％だったが、アメリカは軍事訓練を重ねることで、ベトナム戦争時にはそれを九〇〜九五％に上昇させた。人間の形をした的を使って射撃訓練するなど、敵を殺すことへの恐怖をいかにして低減させるか工夫を積み重ねたのである。このような軍事訓練に心理学の成果が生かされていることは言うまでもない。

心理学と精神医学はPTSDをどう扱ってきたか

人殺しに役立つ心理学と書くとシャレにもならないが、それでは攻撃される側、被害をこうむる存在に対してどのように心理学は貢献してきたのだろう。それにずっと向き合ってきたのはむしろ精神医学のほうだった。

心理学と精神医学との違いは、前者は健康な人間の心を対象とし、後者は病気の人間を対象とする、というのがとりあえずの教科書的回答である。しかし近年では、精神医学において「健康生成的」といった表現を用いたり、「バイオ・サイコ・ソーシャル（生物心理社会的）モデル」といった耳慣れない言葉が使われるようになっている。要するに、病気や疾病だけを扱うのではなく、広くなんでも医療に取り込んで対象にしようという流れのように思われる。

被害を扱う学会は二〇〇二年に設立された日本トラウマティック・ストレス学会をその中心とするが、精神医学全体からすればマイナーな領域として位置づけられている。被害は加害がなければ生じないし、そのことは一種の因果論を前提とするため、従来の精神医学はこれを敬遠してきた。精神医学の診断基準は、一九八〇年のＤＳＭⅢ（アメリカ精神医学会による「精神障害の診断と統計マニュアル」の第三版）以来、症状を輪切りにし、現在表出されている症状をとらえて診断するという、いわゆる操作的診断が前景化した。精神医学は症状の背景や生育歴を探るといういわゆる洞察的・内省的な姿勢に決別し、因果論を遠ざけ、明確な診断基準を設けて医学的信頼性を高めようとしたのである。

同時に、ＤＳＭⅢに加えられたのがＰＴＳＤだった。これは一九七五年にアメリカが勝利できないままに終わったベトナム戦争の帰還兵たちの救済を意味していた。ＰＴＳＤのような被害の表れを明示する診断名は、因果関係が前提となっている。これは操作的診断とは矛盾する。それでもＤＳＭⅢに加えられたのは、おそらく退役軍人を中心とした団体からの政治的圧力があり、戦争被害を国が認定するという意味合いがあったからだと考えられている。

もう一つ重要なのは、ジュディス・ハーマンが「複雑性ＰＴＳＤ」という診断名をＤＳ

MⅢに加えるように要求したという点である。戦争や災害のように短期に特定できるできごとではなく、家族において習慣的に長期間にわたり受ける被害を複雑性と表現したのだ。精神科医である彼女はフェミニストとして、七〇年代末のアメリカにおいて激増したDV・虐待・性暴力の被害者を救済しようと考えたのである。ハーマンは、国家の暴力＝戦争被害が家族における暴力（中でも性虐待）を伴うことから、複雑性PTSDをDSMⅢに入れることを要求した。しかし、彼女の望みは叶わなかった。

DSMⅢをめぐって一九八〇年のアメリカで起きたこと、つまり戦争被害のPTSDは国家に認定されたにもかかわらず、国家の対極である私的領域＝家族における被害は認定されなかったことは何を意味するのだろう。国家の方針で戦場に赴いた兵士たちの「精神的被害」を認めたことは、日本の場合と比較しても画期的なことだといえよう。しかし、だからこそといってもいいが、家族における諸暴力の被害を「疾病」として認めることは拒んだのだろう。見方によっては、こういうメッセージが含まれている。アメリカの男性たちは戦争で勇敢に戦ったゆえに精神的被害を受けたのだから補償されるべきだが、家族において彼らは暴力などふるうはずはなく、ふるったとしてもあくまでそれは私的なこととして国家の補償の対象外にするのだと。

存在を消された復員兵

いまや日本では多くの人に共有されているトラウマという言葉だが、その転換点がPTSDが加わった一九八〇年のDSMⅢにあったことは間違いない。この言葉によってどれほど多くの経験が「被害」として認知されることになったか、定義する言葉がなかったために埋もれて忘却されるしかなかった経験が初めて陽の目を浴びて他者に伝達可能となったと考えると、輸入されたカタカナ語ではあるが、その果たした役割の大きさは言うに尽くせないものがある。

『戦争とトラウマ』（中村江里、吉川弘文館、二〇一八）という本を読むと、敗戦後七〇年以上が過ぎて初めて公表される事実が多いことに驚かされる。この本は、戦争神経症となり、戦闘要員としての役割を果たせないために本国に送還されて病院で治療を受けた兵士に関する、初めての大がかりな研究である。それと関連して、二〇一八年にNHK・ETV特集「隠されたトラウマ――精神障害兵士８０００人の記録」が放映され大きな反響を呼んだ。

国家の暴力＝戦争の被害と、私的領域である家族における暴力（DVや虐待）の被害は、深いところでつながっているのではないかという思いを持っていたが、この本を読んでそれはほぼ確信に近くなった。

一九四五年の敗戦、焦土と化した日本、膨大な数の戦死者（そのかなりの部分が南方における餓死者だった）、生還した人たち、そして民主化された新生日本が朝鮮戦争によって果たした奇跡的な高度経済成長……これが私たちが一般的に共有している「戦後」の物語である。

しかしこの本を読むと、戦時中、数多くの日本軍兵士が主として満州の戦地で精神を病み、帰国して入院していたということがわかる。それは戦闘というより日本軍内部の私的暴力（リンチ・いじめ）のトラウマが多かったという。

DVや虐待の被害が残酷なのは、その時に骨折したりあざができたりすることではなく、長期にわたりさまざまな症状や生きづらさにさいなまれることにある。入院していた彼らは激しい戦争神経症の症状（ヒステリー）に悩まされたが、軽快すると今度は生きている自分を責め、自殺を図る。どこにも、どちらを向いても、彼らが居られる場所はない。戦後本人を受け入れる家族は少なく、ほぼ全員が精神科病院に入ったまま人生を終えることになった。無事家族のもとに帰還したわずかな人たちが、家族（妻や子）に対して、人が変わったように苛烈な暴力をふるい、悪夢に苦しんだ。テレビ番組では、高齢の女性が復員した夫から暴力を受けた話題になると、身をよじってつらそうにする場面も登場する。

衝撃だったのは、敗戦と同時にカルテをすべて廃棄するように国から命じられたという事実である。ある陸軍病院の院長は、「この種の研究は公表すると必ず差し障りがあるので、五〇年は口を閉じていた方が良い」と調査者に言い残していたという。「将来絶対貴重な資料になる」と考えた心ある数人の精神科医が、秘かにカルテを地中深く埋めたため、廃棄を免れた。一九八〇年にアメリカがＰＴＳＤを認めざるを得なかったことと比べても、第二次世界大戦後の状況は過酷であった。

入院した兵士は、「臓躁病」という新たな病名をつけられて、帝国陸軍兵士にあるまじき精神の脆弱さを呈した存在とされたのである。彼らは自らを恥じ、国家も彼らの存在をなかったことにしたのだ。

この本を読んで思い出したのは、私が出会った、戦後大量に酒を飲みアルコール依存症（一九七〇年当時はアルコール中毒と呼ばれた）になった男性たちだ。一九七〇年代初め、私が勤務していた精神科病院は、当時としては珍しくアルコール依存症治療に熱心だった。私は入院中の患者（男性）さんたちから、しょっちゅう満州での経験を聞かされた。彼らは満州の広大な大地に沈む夕陽の美しさを語りながら、いっぽうで寒さや翌日に迫った戦闘の恐怖を酔って忘れるために酒を飲んだことも教えてくれた。上官から粗悪な酒（中国人から取り上げたコーリャンからつくられた焼酎）が配られ、みんなそれを必死で飲んだが、吐くだけで全く酔わなかったと語った。

八〇年代に保健所で出会った断酒会員であるひとりの男性は、もともと一滴も酒が飲めなかったのに、満州で吐きながら飲んだのをきっかけに酒が飲めるようになった。復員してからも、何かあるたびに飲み、暴れた。入院治療によって酒をやめたが、断酒七年目に胃がんを患い、胃を切除した。多くの依存症者は、胃など内臓を切除した後は、少量の酒でも酔いが強くあらわれてしまい、自分は酒が飲めない体になったのかと錯覚すると言う。彼もお定まりの経過で、術後しばらくしてちょっと一杯のつもりで飲み始めてしまったが、ひどい状況（吐き気と記憶喪失）に陥り、交通事故で亡くなってしまった。

このような男性たちの話を思い出すと、やはりそこに戦争の影響を見てとるべきだったのではないかと思う。当時の日本は、戦争の記憶は軍国主義否定とともに忘れ去り、新しい経済大国になるのだという機運に満ちていた。だからアルコール依存症者である本人も、彼らの語りを聞く私たちも、飲酒にひそむ戦争経験のトラウマを見逃していたのではないだろうか。

ある人が、日本軍を初めてパロディー化したのはザ・ドリフターズの「8時だヨ！全員集合」だと語った。たしかにあのドタバタ劇は、上官による部下いじめや軍隊における規律の理不尽さを笑い倒すものだったのかもしれない。『人間の條件』（五味川純平、一九五六〜一九六〇）のように正面からそれを描いた作品もあったが、徹底して笑い尽くすまでに、敗戦から三〇年以上の歳月を要したのである。しかし果たして、当事者も社会も戦争トラウマの存在を認めていたのだろうか。

自己治療としての飲酒

一九五〇年代の禁酒同盟の活動、断酒会設立へと続く流れは、戦後日本の経済の発展、人々の企業戦士化の文脈で語られることが多かったが、アルコール摂取は戦争トラウマの「自己治療」の結果であるという側面も注目されるべきではないかと思う。

九州の詩人、丸山豊の詩集『月白の道』（創言社、一九七〇）には、戦場から生きて戻った友人の多くが戦後五年経って次々と自殺を遂げたという文章が収録されている。トラウマの影響のひとつとしてサバイバーズギルト（生存者罪責感）があるが、日常生活の平穏が戻ってから多くの人たちが深刻なうつ状態になることは、DV被害者とも共通している。私は女性アルコール依存患者のグループカウンセリングを実施しながら、そんな女性たちに数多く会ってきた。依存症＝アディクションが自己治療の一種であるとすれば、自殺を考えるほどの苦しみを自分で治療する手段として飲酒が出現したとは考えられないか。

そして、飲酒はしばしば暴力を伴う。八〇年代末からアダルト・チルドレン（AC）のカウンセリングにおいて、酔った父親による暴力の話を聞かされることは珍しくなかった。当時はDVという言葉もなく、虐待も一般的に認知されていなかった。酒乱、さらにACという言葉だけが、家族内暴力を言語化するために容認されていた時代である。

その後一九九五年に原宿カウンセリングセンターを開設し、女性のACのグループカウンセリングを開始した。そこで聞かされたのは、娘である彼女たち（一九四〇〜一九六〇年生まれ）が父から受けた壮絶な身体的虐待と父から母へのDVだった。父の多くにアルコール問題があった。青竹で殴る、母の髪をごっそり抜く、といった彼らのすさまじい暴力に、戦争の影響を改めて認識する思いだ。彼らは、戦争神経症を呈することもなく、生きて戻り、結婚し家庭を営んでいたが、酔うと人格が変わったかのように妻や子どもに対して苛烈な暴力をふるったのである。娘たちの父についての語りは、二〇〇〇年代に入ってからのACのグループカウンセリングでのそれとは質的に異なるように思われる。時代が下ることで、その親たちに刻まれた戦争の影響は薄らいでいったのかもしれない。

戦争トラウマが自己治療としての飲酒を伴い、酔った男性が妻にDVをふるい、子どもに虐待や性虐待を行使する……これはハーマンがベトナム戦争の影響を複雑性PTSDとして指摘した状況、一九七〇年代後半のアメリカの家族と同じだったのではないだろうか。

二重に否認された存在

戦後、日本軍を支配していた軍国主義は一掃されたはずなのに、なぜ入院していた戦争神経症者たち、「臓躁病」兵士のカルテは秘匿されねばならなかったのか。

戦後の左翼的精神医学における言説は、過去の戦争を愚かなものと否定することから出発している。戦争協力者であった精神科医が摘発されることはなかったが、それは彼らが戦後の新たな潮流において戦中の治療について沈黙を保ったからであろう。戦後民主主義社会を迎えたにもかかわらず、それゆえに再び戦争神経症の存在は否認され、ないものとされたのである。これは、戦争神経症である人々が、二重に否認されたことを表している。ベトナム戦争後のアメリカとの違いはこの点にある。

これに加えて、戦争神経症がないものとされたことには、もうひとつの理由が考えられる。日本の精神医学の現在に至るまでの主流は、脳の一部の変化に原因を求める科学的な精神科医療である。それはかつて精神分裂病と言われた統合失調症の治療に象徴されている。他科に比べて科学性・客観性に乏しいという精神科特有の問題が、薬物療法が有効である統合失調症の治療に焦点を置くことに荷担しているのだ。そんな体制において、「戦争体験」を明らかな原因とする、因果関係に基づいた被害者である彼らの存在をどのように扱っていいのかわからなかったのかもしれない。

では、日本ではトラウマ治療はどうなっているのだろう。

ベトナム戦争がアメリカにおいてトラウマ研究の駆動力になったように、日本では一九九五年の阪神淡路大震災がその皮切りとなった。ジュディス・ハーマン『心的外傷と回復』（みすず書房、一九九六）がこれを機に注目され、異例の売れ行きを見せたのである。精神科医である中井久夫が訳出したことも、その明晰な文体と相俟って、大きな要因だったと思う。八〇年代以降のアメリカ精神医学界は操作的診断（因果を不問に付す）の傾向を強めていくが、その中にあって因果論的背景をもつＰＴＳＤは異物のような存在だったと中井久夫は述べている。

日本でも「トラウマ」という言葉はポピュラーになった。にもかかわらず、アメリカ同様に、操作的・機能的・エビデンス重視の傾向を強める精神科医療において、トラウマ治療はいまだ主流にはなっていない。

ハラスメントやＤＶ、虐待といった「被害」を訴える人の増加に伴い、被害の唯一の証明であるＰＴＳＤの診断書が裁判や調停において、被害者側から提出されることが増えた。それゆえに、一部ではＰＴＳＤ診断は信憑性が疑われ、司法の場ではそれほど大きなインパクトを与えなくなっているという。

このように二五年近くかけて一般化したトラウマという言葉は、その汎用性の高さと「被害」の認定という役割の大きさゆえに、むしろ客観性からは程遠い言葉として消費されつつある気がしている。それによって、被害者はますます取り残されていくことになる。

三重の否認と性虐待

性虐待についてはどうだろう。残念なことだが、性虐待の被害者は、三度否認されると言われている。加害者からは「そんなことしていない」と否認され、母親に訴えれば「嘘だ」「あんたが悪い」と否定・無視され、専門家に相談すると「妄想」「虚言」と見なされる。この三重の否認は現在でもそれほど変わっていないのではないか。カウンセリングをとおして八〇年代から多くの性虐待被害者と会ってきたが、それはＡＣという言葉が広がったから生じたことだった。しかし当時の日本でそのような話をそのまま信じる姿勢を示す精神科医は少なかった。まして臨床心理士はほとんどいなかったと思う。臨床心理の世界では、精神分析的心理療法が主流だったため、フロイトの言う「誘惑説」（娘が父を誘惑した）を信じる専門家が多かったのだ。

性虐待加害者である父こそが「あってはならない」行為をしているのに、被害が「存在しない」ことにされる。そんな時代が長く続いてきたし、今でも、それほど変わってはいない。飛躍するようだが、この構造は戦争神経症と同じではないだろうか。軍の命令で中国の農民を殺すことを迫られるという戦争自体のもつ非人間性は問わず、そこで常ならぬ状態を呈して病院に送られた彼らの存在を否定するのは、彼らを容認すれば、日本軍をめぐる神話（「ヘイタイサンは恐怖を抱かず死も厭わず戦い抜く」）が崩壊するからである。性虐待被害を容認すれば、家族神話（親の愛情と絆を中心とする）は崩壊する。国家を支える軍隊の神話を守るために、国家を支える家族の神話を守るために、戦争神経症も性虐待もあってはならないものなのだ。

もうひとつ踏み込むと、そこにはジェンダーの問題がある。

日本軍は男らしさを基本とするジェンダー観を核としている。恐怖や不安のような感情に流されない強さ、死を厭わない勇気は、まさに男らしさそのものだ。いっぽうで、性虐待被害者たちがしばしば語る「汚れた」「穢れた」私とは、女らしさのジェンダーの根幹をなす処女性（清らかさ、無垢さ）の崩壊である。それも父から犯されるとなれば、その汚れ方はとてつもないのである。このように、戦争神経症と性虐待被害は、両者ともに、ジェンダー規範から逸脱した存在として自らを否定し、自らを責めなければならなくなるのだ。

国家と家族は相似形

性虐待を戦争神経症と同様に構造的暴力の一環としてとらえることで、心理学化・病理化のもたらす隘路《あいろ》から脱出できるのではないかと思う。明らかに両者は相似形であり、根底で深くつながっている。

この点について、上野千鶴子は『生き延びるための思想』(岩波書店、二〇〇六)において、「プライバシー原則とは家長という私的権力の支配権に対して公的権力が介入しないという密約の産物ではないのか」と述べている。

つまり最も私的で最も見えにくい家族で起きていることは、国家のレベルで起きていることと連動しており、容認されているということだ。国家の暴力を規制する法律はないし、日本ではDV加害者を処罰する法律もない。言い換えれば、国家間も家族も、ともに無法地帯になりがちなのだ。家族の暴力についてなかなか政治的対策が講じられないのも、ひょっとして国の意志がそこに働いているからではないか。DV対策も、虐待への介入に比べると相対的に軽視されがちである。いまだに、多くの場合、被害者(殴られた妻)だけが逃げて、加害者は何の処罰も受けることがない。この状況ひとつとっても、家族の暴力（なかでも加害者である男性たち）に対する、国の及び腰な姿勢をうかがうことができる。家族は国にも他者にも侵入されないユートピアなどではなく、もっとも明確に国家の意志の働く世界であり、最も力関係の顕在化する政治的世界なのかもしれない。私はカウンセリングの経験から、そう思わざるを得ないのだ。

なぜ加害者が放置されるのか

さまざまな悲惨な事件が起きる。日本の犯罪発生率は減少の一途をたどっているといわれるが、家族による殺人の割合は増えているという。知人や友人、時には見ず知らずの人間による殺人より、日々一緒に暮らしている家族による殺人の増加率の方が高いということだ。皮肉な見方をすれば、最も絆が強いと思われている家族が、自分を殺すリスクが高い存在ということになる。虐待やＤＶによって命がおびやかされる事件もあとをたたない。

ＤＶ問題と子どもの面会交流

たとえば、ＤＶを訴えていた妻が夫と離婚する。元夫が子どもとの面会を求めれば、家庭裁判所では「子の福祉のためには父親が必要だ」といった根拠から面会交流を促すようになっている。二〇一一年の民法改正による「子の利益最優先を考慮」という理由によって、離婚後の面会交流が実質的に義務化に近い状況となっている。面会交流は義務ではない。会わせたくないと主張することは認められているし、それを支援する人たち（弁護士も含む）もいるのだが、会わせるべきだと考える人たちは増えている。驚くことに弁護士の中にも「面会交流は義務だ」などと女性に伝える人もいるという。

本年（二〇一九年）の初めに関西の某市で講演した際、終了後二人の子どもを連れたE子さんが憔悴した顔で「もうどうしていいかわからない」と私のもとにやってきた。四歳と二歳の子どもは傍らで元気に遊びまわっている。彼女は子どもの様子を見るたびに別れた夫と会わせなければならないのかと思って、暗い気持ちになるのだという。

一年前に夫の暴力と浪費に困って市のDV相談窓口に行ったら、「とにかく逃げなさい」と言われ、子ども二人を連れてすべてを捨てて逃げることにした。シェルターを経由して母子保護施設に入所し、調停を経て離婚が成立した。担当の女性弁護士は、被害者支援の団体から「このあたりではDVのことをいちばんわかっている弁護士さんなのよ」と言われて紹介された人だった。ある日別れた夫から「子どもに会いたい」と面会交流が請求されたので相談すると、その弁護士から面会交流は今では義務になっているから会わせるしかないと告げられた。

E子さんは、谷底に突き落とされる気分になった。やっと離婚したと思ったら今度は弁護士から面会交流は義務だなどと言われ、どうしていいかわからなくなった。「矛盾してませんか?」と問う彼女の顔を見ながら、その疑問は正しいと思った。逃げなさいと言われ姿を隠したのに、今度は子どもと会わせろと言われる。全国の子どもをもつDV被害者は混乱しているのではないか。

逃げることを勧めるだけの従来のDV被害者支援はもう限界に来ているのではないか。全国の被害者は、E子さんのように誰も信頼できないと心のどこかで思っている。新たな方向性を探らなければならない状況で、強烈な磁場をもつ前夫との接触が間接的とはいえ面会交流に伴って再開されたらどうだろう。やっと逃げたと思ったのに、あのDVの支配関係が再びよみがえってしまうのではないか。E子さんの不安と恐怖は、決して彼女だけのものではない。

協議を経て離婚し、前夫に対してそれほど恐怖がない場合は、子どもを会わせることにあまり抵抗はないだろう。しかし、DVがあったときなど、恐怖が継続している場合はどうだろう。往々にして、前夫は別れた妻への執着を捨てていない。面会交流に立ち会う専門機関は必須となるが、そんなリソースに乏しい地方都市ではいったいどうすればいいのだろう。立ち会う人がなく、当事者のみで行われる面会交流は、危険がいっぱいだ。

久々に別れた妻に会った男性は、当然よりを戻したいと思うだろう。そして子どもに面会する計画について話しあうことを口実に、二人きりになるように仕組むこともあるだろう。「僕は生まれ変わった、信じてくれ」と懇願され、時には「自殺してやる」と脅されれば、言うことをきくしかない。会えばひょっとして、そのまま性行為を求められ、半ばレイプされることだってある。彼らは避妊などするはずもなく、別れた妻が妊娠することを図っていても不思議ではない。妊娠した女性は、夫からしつこく再婚を求められれば、生活苦もあり、復縁してしまうだろう。こんな事態はたぶん、日本中で何例も起きているのではないか。

口約束によってDVをやめられる保障はどこにもない。「暴力はやめる」という彼らの決心は嘘ではないが、日常生活においてそれを続けていくことは全く別の困難さを抱える。そのために、北米をはじめ世界の先進国ではすでにDV加害者プログラムが公的に実施されている。ところが、日本ではDVの加害者への公的なアプローチやプログラムの提供が義務付けられていない。民間の実施団体によるDV加害者プログラムも広がってきたとはいえ、まだ限られている。

国家と家族について、「私的な領域は公的につくられたものである」とジョーン・スコットは述べる（一九九六）。とすれば、このようにDVの加害者を放置し、被害者だけがすべてを捨てて逃げるという過重な負担を強いられることも、国の意志によると考えるべきではないか。DV加害者の非犯罪化は、国の暴力＝戦争の非犯罪化と通底しているのだ。

DV被害者グループでもなかなか語られないのが、性的DVだ。二〇一九年、千葉県野田市で起きた小学四年生の女児虐待死事件では、子どもを死なせた父親が傷害容疑で、また、母親も同容疑で再逮捕された。この事件の加害者による妻へのDVが明らかになっているが、おそらく激しい性的DVもあっただろう。このような事件は氷山の一角だ。性的に支配できないために身体的DVをふるう男性、性的に支配され望まぬ妊娠を繰り返す女性、暴言暴力を恐れて性行為を受け入れる女性……。近親姦による被害に加えて、性的DVによる被害も無数に起きている。後者の多くが、本書でもすでに触れたように、「夫婦だから」「浮気されるよりましでしょ」という社会に根づいた規範によって沈黙させられていく。

映画『タイタニック』(一九九七)の冒頭場面を思い出してほしい。海底深く沈んだ豪華客船の船体は、朽ち果ててはいない。無数の貝が貼りつき海藻に覆われてはいるが、驚くほど原型をとどめている。同じように、性的DVの記憶も決して忘却されない。いやなことは忘れる、いつまでもこだわっていないで許してあげる、そうすることが妻として女としての価値を上げる……。そんな望ましい妻・母の「価値目録」のなかには、どこにも「被害」という言葉はない。でも許せないことはある。決して済んだことや過去にできないこともある。そのようなこだわりを大切にしたい。それを「被害」と呼ばなければ変わらないことはあまりにも多い。

本書では、水面から浮かび上がる事象のはるか下に、深く潜伏する「性」の問題を扱ってきた。告発、明文化することを心掛けたが、私の仕事はそれだけでは不十分だ。そのような経験をもつ人、性被害と名づけることを躊躇してきた人たちに対して、カウンセラーとして援助することが私の仕事なのだから。

では、性虐待を受けた被害者はどのように援助・ケアされるのか。もしくは「治療」されるのだろう。治療にカギ括弧をつけたのには理由がある。こだわり過ぎと思われるかもしれないが、なぜやまいだれの付く漢字で表さなければならないのか、病気ではないだろうという意思表示のつもりだ。疾病、治療、治癒などとは一線を画すべきだろう。保険がきくとか、客観性が担保できるとかいう便利さはある。しかし医療が対象にできない問題は増えているし、私たちのカウンセリングセンターではそのような問題を長年対象としてきた。前向きに生きようとしてきた人に望まない何らかの力（強制するもの）が行使されることで、さまざまな問題が生じる。その問題は感染によるものでもなく、突然変異でもなく、病巣があるから発生したわけでもない。健康的で前向きなエネルギーを保持しているからこそ生じるのだ。だから病気としてとらえたくはない、そう思うので治療とは言わないのだ。

トラウマという言葉がもたらしたもの

その視点に立つと、言葉が重要な意味を帯びてくる。

性被害を受けた人たちに対する支援・援助・ケア・治療を考える際に、「トラウマ」という言葉抜きには考えられない。この言葉は被害者（当事者）に何をもたらしたのだろう。

先に触れたように、トラウマという言葉が日本で市民権を得たのは、一九九五年に発生した阪神淡路大震災がきっかけだった。家屋や道路の倒壊・破損だけが被害でなく、そこに生きる人たちが精神的・心理的被害を被ることが、メディア等を通じて初めて明らかになったのである。常々私は一九九五年を森達也の指摘するように「被害者元年」と呼んでいるが、このことは私たち援助者や専門家のみならず、家族の中で苦しんできた多くの人たち（女性や子ども）が自らの経験を被害と名付けられるようになったことを表している。

特に加害者に対する裁判などにおいて、どのような被害が生じたかによって量刑が決まってくることもあるので、ＰＴＳＤは被害者にとって「伝家の宝刀」的意味合いを持つ。ＤＶにおいても同様で、夫に殴られて骨折した、あばら骨にヒビが入ったなどの身体的損傷に関する診断書が存在しない精神的ＤＶや経済的ＤＶなどの場合、唯一の証明がＰＴＳＤの診断であることが多い。

しかしながら、すでに触れたようにＰＴＳＤの診断は司法の場ではインパクトを失っている。九〇年代末に関西に住む知人の精神科医から聞かされた話を思い出す。

「信田さん、ＰＴＳＤの診断書なんてもう家裁では何の意味も持ちませんよ、関西では」

つまり、ＤＶや虐待の被害の証明のために、多くの人たちがこぞってＰＴＳＤの診断書を提出したので、家裁がその意味をほとんど認めなくなってしまったというのである。
それでも目に見えない被害を表面化させる手段があることは大きな意味を持つし、言葉の力は名づけえない状況を見える形にしてくれる。トラウマという言葉のもたらしたものは、被害の実在を証明できるという点だろう。また衝撃的な経験をしたあとは、多くの人が同じような反応を示すこともわかった。一種の敗北を意味する「被害」というあまり語られてこなかった言葉を当事者が自ら選び取ることによって、いわく言いがたい苦しみに一つの形を与えることができる。トラウマやPTSDという言葉の登場によって、個別の隠したい消し去りたい経験を、一種普遍化された「被害」という言葉によって再定義できるようになったのである。こんな思いをしているのは自分だけではないか、自分が悪いからこうなったのではないか、という思考の一歩外へ出ることができるのだ。

トラウマという言葉が一九九五年に日本で受け入れられる前は、過去のできごとだから忘れるべきだ、いつまでもこだわっているのは執念深い、などと批判にさらされるのが当たり前だった。過去は水に流すとか、時と共に薄れるから時間が経つのを待つ、という言い方もおなじみだ。時薬《ときぐすり》という格言は韓国語にもあるという。たしかに失恋や大切な人の死には時薬も効くことがあるだろう。しかし性虐待の記憶は違う。その理由については再三述べてきたとおりである。

最近では、水に流すのではなく、「過去は変えられないのだから前を向いて進め」「過去は変えられない。受け入れて許せ」などと言う人がいるし、そのように説く自己啓発的な本も少なくない。最後は「ありのままの自分を受け入れる」という結論に落とし込むのが定石で、これほど鼻持ちならない物言いはない。そのような語りを伴うものを被害者支援とは呼ばない。

もし過去が変えられないのなら、私は江戸時代のように「仇討ち」の合法化のほうが納得がいく。ずっと過去にこだわり続け、復讐を果たすほうが説得力を持つのではないか。性虐待した父を合法的に「刺す」「鞭打ち刑に処す」というように。

被害を再定義するということ

ＡＣやＤＶ被害者・性虐待被害者のグループカウンセリングに参加する女性たちは、「あんな夫を選んだ事実は変えられない」「あんな家族に生まれたという事実は変えられない」「実の父が性虐待を行った。そんな父の血が流れているという事実は変えられない」と言い、「過去は変えられない」という呪縛に苦しんでいる。

そんなとき、私は伝える。「過去は変えられる」と。

そう、過去は変えられるのだ。

ここでいう過去とは「事実」のことを指しているわけではない。あの父の娘であるという事実は変えようがない。だが、その意味するところは一つではない。

飛躍するようだが、ポスト・トゥルースという言葉が流行する今、ファクトとは何かという問いかけがされるようになった。いったい事実とは何だろう。哲学者マルクス・ガブリエルの『なぜ世界は存在しないのか』という本が日本でも評判を呼んだが、世界とは何か、世界は実在するかという疑問が投げかけられる時代なのだ。ならば、個人の事実も再検討してみようではないか。

性虐待は「事実かどうか」をめぐって、繰返しシビアな問いかけに曝される問題である。本当かどうか、一九八〇年代のアメリカにおける「偽記憶」問題とともに、絶えず捏造の疑念とともにあった。「フォールス・メモリー・シンドローム（過誤記憶症候群）」と呼ばれる、一九八〇年代のアメリカで起きた一連の性虐待の記憶をめぐる議論を思い起こしてもよい。これについては「あとがきにかえて」で詳しく触れることにする。

トラウマという言葉や、次々と明らかになる性虐待によって被害が承認されることは、先述したように一つの進歩となる。しかし同時に、被害者は「過去は変えられない」という呪縛を抱えざるを得ない。被害や事実が認定されることで自分にも責任があったという自責感からは解放されるが、同時に被害者としての自分を認めざるを得なくなる。しかし、その経験の「意味」を変えることはできるだろう。意味とは「なぜ？」「どうして」という問いかけと共に生まれるものだ。その問いへの答え、自分なりの説明によって経験は再定義される。これまでの「そういうものだ」という思い込みを変えること、これが経験の再定義なのである。

振り返ってみれば、被害という命名そのものが、経験の再定義であり、新しい意味を生み出したのではなかったか。

DVもそうだ。一九七〇年代までは、夫に殴られる妻たちはそれを暴力とは呼ばず、「しつけ」や「罰」と呼んできた。自分に落ち度があったから殴られたのだという意味付けが、そこにはついてまわった。誰一人として、それを「被害」などと呼ばなかったのだ。不当だと思う女性はたくさんいたし、実家に逃げ帰る女性もいただろう。しかし「被害」

という再定義は存在しなかった。

殴られた過去は変わらない。怪我の痕は残っている。しかしそれを「被害」と再定義することで殴られた意味は変わるだろう。「私がわがままだから殴られた」「夫は気が短いからしかたがない」「結婚したら女なんてみんなそんなもんよ」という意味付けの過去と、「私はＤＶ被害を受けた、いかなる理由があろうと暴力をふるった夫に責任がある」と意味付けされた過去では全く異なるはずだ。

言葉が足りない、新しい言葉を！

性被害に関しては、全国のワンストップセンターで緊急対応ができるようになりつつある。しかし大都市以外はまだまだ二四時間対応は困難であり、スタッフも不十分であるようだ。強制性交による性暴力には、緊急避妊薬の使用や婦人科医による診察なども必要だ。しかしカウンセリング機関で出会うのは、緊急的な事態でやってくる人というよりは、長期にわたる家族からの性虐待や、遠い昔の幼いころに受けた性暴力の被害者が多い。その人たちにどうかかわるかについては、すでに欧米でいくつかの方法やプログラムなどが開発されている。本書はその詳細について述べることが目的ではない。それぞれに関して多くの専門書があり、わかりやすい解説書も多いのでそれらにあたってもらいたい。

カウンセラーとして、性虐待の被害者に対して私が強調したいのは、言葉の力である。動画サイトの性暴力被害に関する番組に出演した際（「『性的合意』とは何か？　沈黙させられる日本の性被害者たち」ニコニコ生放送、二〇一九年三月二六日）、性被害を受けそうになったときどのような言葉で拒否を示すか、という話題になった。その場にいる人たちが頭をひねりいくつかの言葉が出てきた。「やめてください」「ノー」「あなたの知り合いに言いますよ」などだ。ちなみに私がとっさに口にしたのは「ニェット」だった。ロシア語でNOを意味する言葉だ。ニェットという語感の強さに驚き、知らない言葉を聞けば一瞬ひるむのでは、と瞬間的に考えたのだ。一部では大うけしたが、ちょっとどうだろうという人もいた。今でも、「ノー」「ノン」などよりずっと迫力があるのではと思う。

この一連のやりとりから再認識したのは、日本では女性が男性を拒絶する言葉はほとんどないということだった。

「嫌よ嫌よも好きのうち」に代表されるように、やめてください、嫌です、大声出しますよ、は、すべて彼らの文脈では「いいですよ」「ほんとうはやってほしいんです、私」「どうぞどうぞ」に翻訳されてしまうのである。

このことを考えると絶望するが、実際力ではどうやってもかなわない相手に対して拒否を伝える言葉が存在しないということは、男性の性暴力を拒否することは原理上できないということになる。

嫌だという意志があっても、女性を無理やり押さえつけることで発動する性的欲望があり、時には肯定されたり、男の性はそういうものだと思われたりする。あらゆる性行為は暴力であると言った人がいたが、相手を支配し、無力化すること（これは殺すことにつながる）で得られる快楽はどのようなものなのだろう。性的なものなのか、それとも征服欲によるものか、あるいはこの二つは切断不可能なのか……。私は男性ではないのでわからない。

今もなお世界の戦闘地域で数々の性暴力が起きている。征服し支配することの肯定が性暴力の肯定を意味し、闘うことこそが男らしいというジェンダー観が、嫌がる女性への痴漢行為、無抵抗な少女への性暴力にもつながっているのだ。

言葉は無色透明で中立なものではない。誰の立場の言葉なのかを見きわめ、そこにジェンダー観が潜むことを注意深く見分けなければならない。「淫乱」という時、想定されるのは必ず女性であり、「性欲」という言葉もほぼ男性に独占されてきたことを思い出してもよいだろう。

多くの性にまつわる言葉は、このような男性性を肯定する前提で構築されてきた。そして、なぜか性暴力は、力において弱い立場の人たちが責任を負わされる構造になっている。強者は常に正義でいたいのかもしれない。

「再定義」とは、力において弱者で劣位にある人たちが、無理強いされ意志や自尊心を蹂躙された経験を言い表わすことのできる、自分にしっくりくる言葉を見つけ出すことである。

そして、すべて自分が悪いことにされ、責任を負わされるだけの既成の言葉から、相手の責任を問う言葉を探し、創り出すこと。こうして再定義された言葉を用いれば、「私が誘った」「私に隙があった」「私が拒否できなかった」「意志が弱くて自己肯定感に乏しいからこんな目にあった」などという「自己責任」に終始する自分の経験の語りが変わっていく。「被害に遭ったのは私だ」「相手に責任をとってもらいたい」という語りへと変化し、「ダメな私」から、「被害にもかかわらずそれに圧倒されることなく逞しく生きようとする私」へと「再定義」されるのである。

こうやって「過去」についての語りが変わることになる。

性犯罪者に対して二〇〇六年から刑務所や保護観察所で実施されている性犯罪者処遇プログラムは、被害者の悲惨さを訴えることで反省を強いたりするものではない。彼らの当たり前と思っている性に対する考え方、男性らしさや女性のとらえ方といったジェンダー意識などを、再教育していくものである。

被害者支援を充実させることは急務であるが、逮捕・裁判・実刑（懲役）といった司法制度や処罰だけでは再犯は防止できないという反省から生まれたのが、上記の性犯罪者処遇プログラムだった。

司法以外でそのような加害者臨床を実施しているのは、一部の精神科医療機関であるが、果たして彼らは精神科医療の対象なのだろうか。性犯罪者を「治療」するのではなく、あくまで「更生」「再教育」を目的とすることこそが加害者臨床であり、精神科医療の外部において実施されるべきだと思う。

被害者支援・ケアと加害者の再教育は、言葉や経験の再定義という点から見れば、表裏一体となっている。被害者に対しては、「被害者に責任はない」ことを徹底して伝え続けなければならない。繰り返し述べてきたように、「やはり自分が悪かった」という被害者有責論に傾きがちだからこそ、責任がないことを伝えるのだ。その一方で、加害者の再教育においては、「一〇〇%責任がある」ことを学ばせる。相手が悪い、誘ったという考えは責任転嫁として退ける。このように、被害者の立場に立った加害者再教育こそ、再発・再犯防止に不可欠なのだ。

再定義という視点から言うなら、被害者にとって必要なのは新たな言葉を学習することではないだろうか。そして加害者も、これまで知らなかったことや考え方を学習することで、自らの行為を性加害と再定義する。

今まで生きてきたなかで使わなかった新しい言葉や考え方を知り、獲得する。これが教育であり、学習だとするならば、私たちにとって最も身近で私的な存在である家族、そして性については再学習しなくてはならない。これが再定義であり、過去を変えることなのである。

あとがきにかえて

「痴漢」でネット検索すると、「冤罪」という言葉がセットでヒットするように、性暴力についてまわるのが、被害者は合意の上だった、被害者が誘った、といった反論である。

この文章を書いている時点（二〇一九年四月）で、立て続けに性暴力に関する裁判で容疑者に無罪判決が出ている。またレイプ被害を公にした『Black Box』（文藝春秋、二〇一七）の著者伊藤詩織さんが、加害者と名指された男性から名誉棄損で高額の慰謝料を請求された。

このような司法の動向は、アメリカで起きた #MeToo 運動が日本でも広がりを見せていることへのバックラッシュではないかと思う。性暴力・性虐待などの性犯罪をめぐる司法判断は、世論の高まりをそのまま反映するわけではない。力関係によっていかようにも変化する。本書の「少女が支える家族」で述べたように、二項対立的で結論が見えた文章を書くことはできるだけ避けたいという私の気持ちは、今も変わらない。しかし本書のべースとなる連載の開始から約二年の時を経て、セクハラ問題は連日のようにメディアを騒がせている。この流れの変化に、私は感慨と同時にある種の危機感を覚えずにはいられない。

ご存じない読者も多いと思われるので、本書で何度も触れてきた性虐待についてその歴史を最後にきちんと記しておこう。

精神分析の祖ともいわれるフロイトが、ウィーンで多くの性虐待を訴える女性患者の治療にあたっていたことはよく知られている。彼はそれを近親男性による加害と女性患者の被害ととらえたわけではなかった。女性の心的現実を対象とするフロイトは、女性による誘惑説を展開し、被害は女性のファンタジーだと強調した。そのような女性たちを心的外傷（トラウマ）という視点でとらえたのは、フランスの精神科医ジャネであった。

日本では、心理臨床家の多くがフロイトの精神分析的立場をとっていたために、本書ですでに述べたように、一九九五年の阪神淡路大震災まではほとんどトラウマに注目されなかった。多くのカウンセラーは、性虐待をファンタジー、妄想ととらえて、目の前のクライエントの語る言葉を信じなかったのである。

アメリカで起きたフォールス・メモリー・シンドローム（過誤記憶症候群）をめぐる議論は、性虐待を語るうえで欠かせないできごとである。一九八〇年代のアメリカでは、多くのカウンセラーがクライエントの症状が親からの虐待によるものと考え、様々な方法で記憶を呼び起こすセラピーを行った。その結果、性虐待の記憶を想起した女性たちが父親らを訴えることとなった。そのような動きに対して、蘇った記憶は誤《フォールス》っていると主張する学者たちとのあいだで、一九九〇年代に入って裁判や論争が起きたのである。セラピーを実施した多くがフェミニストカウンセラーであり、『心的外傷と回復』の著者ジュディス・ハーマンも法廷で原告として発言したことから、反フェミニスト的な家族擁護団体は、フェミニストカウンセリングのオフィスにまで抗議に押し掛けたと言われている。これら一連のできごとを、精神科医の斎藤学は「過誤記憶論争」と呼んでいる。

では日本ではどうだったのか。二〇〇三年に『危ない精神分析――マインドハッカーたちの詐術』（矢幡洋、亜紀書房）が出版された。矢幡は、日本でもAC（アダルト・チルドレン）やトラウマという言葉の流行によって、アメリカで起きたように「ありもしない虐待を思い出しそのせいにする」風潮が広がっていることに警鐘を鳴らした。これに対し、一九九六年に『「アダルト・チルドレン」完全理解』を書き、多くの性虐待被害女性のカウンセリングにかかわる立場から、私は雑誌『論座』（二〇〇三年一二月号、朝日新聞社）で「記憶をどうとらえるか」と題して反論した。日本でトラウマやPTSDという概念が受け入れられてわずか八年しか経っていないのに、それを詐術という言葉で「嘘」とされることに反論しなければならないと思ったからだ。

矢幡から私への反論「フェミニストも一緒に神輿を担いだのではなかったか」がその後の号（二〇〇四年、二月号）に掲載された。この当時、総合誌上での論争は珍しく、朝日新聞の論壇時評でも取り上げられた（『論座』はその後廃刊になってしまった）。

八〇年代末からのアメリカの過誤記憶論争、二〇〇三、二〇〇四年の矢幡と私の論争などを振り返ると、いずれも「記憶は捏造である」「子どもの言葉は嘘だ」という動きと、性虐待被害者支援やフェミニスト的アプローチとの相反する主張の争いが根底にある。たとえば、第二次世界大戦の従軍慰安婦の問題も、このような真偽をめぐる論争や政治的運動と無縁ではなく、現代までそれは続いている。

近年の日本ではトラウマ治療も市民権を得て論争の時代からははるかに進歩したかのように見えるが、果たしてどうだろう。悲惨な虐待死事件が起きると、児童相談所をはじめとする公的機関では、メディアや行政機関による批判を怖れて萎縮し、責任を問われないように立ち回りがちになる。知らなかったことにしておくほうが、知っていて事情を記録に残しておくより、責任を問われる可能性は低いと考えるからだ。いじめ問題もしかり。多くの公的機関が保身のために「なかったこと」にする。その結果、被害は抹殺され、一番弱い存在の子どもが犠牲となる。

「被害などない」と言い、また被害の存在を黙殺する人々は、これまでも繰り返し被害者を苦しめてきた。しかし、それに対して声をあげてきた人々がいたことを忘れたくない。本書で触れた性犯罪に関する厳罰化の動きも、長年の女性団体などによる地道な活動の結果、獲得されたものだとすれば、一見何事もない日常生活にひそむ名づけられなかった経験を性被害と呼ぶこともまた、その流れのなかにあり、大きな環でつながっているのだ。

当たり前と思う基準は、大人と子どもでは違い、ジェンダーなどによっても大きく異なる。これまで当たり前とされてきたことが、次々とマイノリティである人たちの運動や発言によってひっくり返りつつある、そんな現実から目を背けないでいたい。特に男性には、いままでの当たり前がどれだけ多くの既得権に支えられていたかを知ってもらいたい。知ることによって現実は新たな相貌を帯びるだろう。それによって人は変われると信じている。

上述の『論座』で私はこう文章を結んでいる。

「面接室の中だけで終わることのできる臨床から、時として戦うことも必要とされる臨床へと姿勢を変えざるを得ない時代に入った。誰の立場に立つのかを明確にした、きわめて政治的・社会的文脈における援助、カウンセリングこそが求められるようになったのである」

今から一六年前の文章だが、読み返してもそれほど古びていないし、現在に至るまでこの姿勢はブレていないつもりだ。

誰かの犠牲の上に成り立つ「当たり前」を突き崩すことで、新しい社会の未来がひらけることを私は疑わない。本書は性虐待に多くの頁を割いたが、DVやセクハラ、夫婦問題にも言及している。いずれも、それまでの「当たり前」にメスを入れる内容になっていたら、これほど嬉しいことはない。

最後になるが、絶妙なタイトルを携えてPR誌『春秋』での連載を企画していただき、「ウェブ春秋」に場を移しての連載、本書の完成まで息長く励ましつづけてくださった春秋社の篠田里香さんに心よりのお礼を申し上げたい。

また多くのヒントを与えてくださった皆様にも深く感謝しています。
ありがとうございました。

桜吹雪の舞う夜に
二〇一九年四月

信田さよ子

主要参考文献

阿部輝夫『セックスレスの精神医学』ちくま新書、二〇〇四
天野正子ほか編『日本のフェミニズム⑥セクシュアリティ』岩波書店、一九九五
伊藤詩織『Black Box』文藝春秋、二〇一七
上野千鶴子『生き延びるための思想――ジェンダー平等の罠』岩波書店、二〇〇六
上野千鶴子『近代家族の成立と終焉』岩波書店、一九九四
上野千鶴子『発情装置――エロスのシナリオ』筑摩書房、一九九八
上野千鶴子ほか編『戦争と性暴力の比較史へ向けて』岩波書店、二〇一八
落合恵美子「近代家族をめぐる言説」『岩波講座現代社会学一九　〈家族〉の社会学』井上俊ほか編、岩波書店、一九九六
梯久美子『狂うひと――「死の棘」の妻・島尾ミホ』新潮社、二〇一六
鹿島茂『エマニュエル・トッドで読み解く世界史の深層』ベスト新書、二〇一七
岸政彦・國分功一郎「それぞれの『小石』――中動態としてのエスノグラフィ」『現代思想』二〇一七年一一月号、青土社
國分功一郎『中動態の世界――意志と責任の考古学』医学書院、二〇一七
小西聖子『トラウマの心理学――心の傷と向き合う方法』ＮＨＫライブラリー、二〇〇一
五味川純平『人間の條件』三一書房、一九五六～一九六〇

坂爪真吾『男子の貞操――僕らの性は、僕らが語る』ちくま新書、二〇一四
島尾敏雄『死の棘』新潮文庫、一九八一
白井聡『永続敗戦論――戦後日本の核心』at プラス叢書04、太田出版、二〇一三
白田秀彰『性表現規制の文化史』亜紀書房、二〇一七
田房永子『他人《ひと》のセックスを見ながら考えた』ちくま文庫、二〇一九
中村江里『戦争とトラウマ――不可視化された日本兵の戦争神経症』吉川弘文館、二〇一八
信田さよ子「記憶をどうとらえるか――『危ない精神分析』を読んで」『論座』二〇〇三年一二月号、朝日新聞社
橋本治『父権制の崩壊　あるいは指導者はもう来ない』朝日新書、二〇一九
深澤真紀『草食男子世代――平成男子図鑑』光文社知恵の森文庫、二〇〇九
堀智久『障害学のアイデンティティ――日本における障害者運動の歴史から』生活書院、二〇一四
松浦理英子「レイプ再考――嘲笑せよ、強姦者は女を侮辱できない」『朝日ジャーナル』一九九二年四月一七日号、朝日新聞社
丸山豊『月白の道』創言社、一九七〇
宮地尚子『トラウマ』岩波新書、二〇一三
宮地尚子編著『性的支配と歴史――植民地主義から民族浄化まで』大月書店、二〇〇八
桃山商事『生き抜くための恋愛相談』イースト・プレス、二〇一七
森岡正博『感じない男』ちくま新書、二〇〇五
矢幡洋『危ない精神分析――マインドハッカーたちの詐術』亜紀書房、二〇〇三
矢幡洋「フェミニストも一緒に神輿を担いだのではなかったか」『論座』二〇〇四年二月号、朝日新聞社

山極寿一『家族進化論』東京大学出版会、二〇一二
ウイリアム・L・マーシャルほか著『性犯罪者の治療と処遇』小林万洋、門本泉監訳、日本評論社、二〇一〇
ジュディス・L・ハーマン『心的外傷と回復』中井久夫訳、みすず書房、一九九六
ジュディス・L・ハーマン『父―娘 近親姦――『家族』の闇を照らす』斎藤学訳、誠信書房、二〇〇〇
ダイアナ・E・H・ラッセル『シークレット・トラウマ――少女・女性の人生と近親姦』斎藤学ほか訳、IFF出版部ヘルスワーク協会、二〇〇二
デーヴ・グロスマン『戦争における「人殺し」の心理学』安原和見訳、ちくま学芸文庫、二〇〇四
マルクス・ガブリエル『なぜ世界は存在しないのか』清水一浩訳、講談社選書メチエ、二〇一八
ミシェル・フーコー『性の歴史』渡辺守章訳、新潮社、一九八六〜一九八七
Scott, Joan, *Only Paradoxes to Offer: French Feminists and the Rights of Man*, Harvard University Press, 1996.

性暴力・性犯罪・DV被害に関する支援情報・相談窓口・活動団体

◆**内閣府男女共同参画局ホームページ**
http://www.gender.go.jp/policy/no_violence/index.html
・行政が関与する性犯罪・性暴力被害者のためのワンストップ支援センター一覧
http://www.gender.go.jp/policy/no_violence/avjk/pdf/one_stop.pdf
・DV相談ナビ（相談窓口案内サービス）：電話 0570-0-55210
・配偶者暴力相談支援センターの機能を果たす施設一覧
http://www.gender.go.jp/policy/no_violence/e-vaw/soudankikan/pdf/center.pdf

◆**警察庁ホームページ**
・性犯罪被害相談：電話（全国共通）#8103（ハートさん）
・各都道府県警察の被害相談窓口
https://www.npa.go.jp/higaisya/seihanzai/seihanzai.html

◆**公益社団法人　被害者支援都民センター**
電話 03-5287-3336（月木金　9：30〜17：30／火水　9：30〜19：00）
FAX 03-5287-3387

http://www.shien.or.jp/

◆東京都福祉保健局　東京都女性相談センター（配偶者暴力相談支援センター）

・女性相談センター

電話　03-5261-3110（平日　9：00〜20：00）

・女性相談センター多摩支所

電話　042-522-4232（平日　9：00〜16：00）

※夜間休日の緊急時　電話　03-5261-3911

http://www.fukushihoken.metro.tokyo.jp/kodomo/sodan/j_soudan.html

◆一般社団法人　社会的包摂サポートセンター

よりそいホットライン（二四時間）：電話　0120-279-338

http://279338.jp/yorisoi/

◆SARC東京（特定非営利活動法人　性暴力救援センター・東京）

性暴力救援ダイヤル NaNa　二四時間ホットライン：電話　03-5607-0799

https://sarc-tokyo.org/

◆SACHICO　性暴力救援センター大阪

二四時間ホットライン：電話　072-330-0799

http://www.sachico.jp/

◆一般社団法人　Spring（性被害当事者を中心とした団体）
http://spring-voice.org/

◆NPO法人　レジリエンス（DVや虐待他による心の傷つき、トラウマについての情報を広げる活動をしている）
http://resilience.jp/

◆NPO法人　女性ネットさやさや「Saya-Saya」（東京にある女性のためのDV相談・支援）
https://saya-saya.net/about/
（月　18：30〜20：30）電話　03-6807-8442／03-6807-8443
（木　14：00〜16：00）電話　03-6807-8443
（金　13：30〜15：30）電話　03-6807-8442／03-6807-8443
以上は無料相談。有料電話相談は完全予約制。詳細は事務局まで。
FAX 03-6807-8442〜3／saya3@sa6.gyao.ne.jp

◆原宿カウンセリングセンター（所長・信田さよ子）
カウンセリング予約電話　03-5469-0006（10：00〜12：00／13：00〜18：00）祝祭日は休業
http://www.hcc-web.co.jp/

関連書籍・学会

本書はトラウマ・ＰＴＳＤの治療法や援助技法の解説を目的としてはいないが、読者の参考になると思われる情報をまとめておく。心理職においてトラウマ治療の代表的なものを三つ挙げる。

①持続エクスポージャー療法（PE, Prolonged Exposure）

これは、アメリカの心理学者エドナ・フォアらによって開発された方法で、成人のＰＴＳＤに有効というエビデンスをもっている。

参考：エドナ・Ｂ・フォア、エリザベス・Ａ・ヘンブリー、バーバラ・Ｏ・ロスバウムほか『ＰＴＳＤの持続エクスポージャー療法――トラウマ体験の情動処理のために』金吉晴・小西聖子ほか訳、星和書店、二〇〇九

②ＥＭＤＲ（Eye Movement Desensitization and Reprocessing：眼球運動による脱感作と再処理法）

これもＰＴＳＤに対してエビデンスが証明されている心理療法である。これを実施するには専用のトレーニングを受け、トレーナーの資格を取得する必要がある。

参考：フランシーヌ・シャピロ『ＥＭＤＲ――外傷記憶を処理する心理療法』市井雅哉訳、二瓶社、二〇〇四

③トラウマフォーカスト認知行動療法（TF-CBT, Trauma-Focused Cognitive Behavioral Therapy）

アメリカのデブリンジャーらによって開発された。主として三歳から八歳までの子どものトラウマに焦点化した認知行動療法である。欧米の治療ガイドラインにおいて、子どものトラウマ治療の第一選択とされているプログラムである。

参考：ジュディス・A・コーエン、アンソニー・P・マナリノ、エスター・デブリンジャーほか『子どものためのトラウマフォーカスト認知行動療法――さまざまな臨床現場におけるTF-CBT実践ガイド』亀岡智美ほか訳、岩崎学術出版社、二〇一五

【学会】

日本ＥＭＤＲ学会（https://www.emdr.jp/）

一般社団法人　日本トラウマティック・ストレス学会（http://www.jstss.org/）

＊本書に登場する人物像は、プライバシーに配慮し著者が再構築したものです。
＊本書は、『春秋』および「ウェブ春秋　はるとあき」（二〇一七年八月〜二〇一八年一二月）に掲載された原稿を再構成・加筆訂正し、書き下ろしを加えたものです。

著者紹介

信田さよ子（のぶた・さよこ）
1946年生まれ。臨床心理士。原宿カウンセリングセンター所長。お茶の水女子大学大学院修士課程修了。駒木野病院、嗜癖問題臨床研究所付属原宿相談室を経て1995年に原宿カウンセリングセンターを設立。アルコール依存症、摂食障害、DV、子どもの虐待などに悩む人たちやその家族、性暴力やハラスメントの加害者、被害者へのカウンセリングを行っている。著書に『DVと虐待』『カウンセラーは何を見ているか』（いずれも医学書院）、『家族収容所』（河出文庫）、『母が重くてたまらない』『さよなら、お母さん』『家族のゆくえは金しだい』（いずれも春秋社）、『加害者は変われるか？』（ちくま文庫）、『共依存』（朝日文庫）、『タフラブという快刀』（梧桐書院）、『父親再生』（NTT出版）、『ザ・ママの研究 増補新版』（新曜社）、『依存症臨床論』（青土社）、『アディクション臨床入門』（金剛出版）、『母・娘・祖母が共存するために』（朝日新聞出版）など。

〈性〉なる家族

2019年５月30日　初版第１刷発行

著者©＝信田さよ子
発行者＝神田　明
発行所＝株式会社　春秋社
〒101-0021　東京都千代田区外神田2-18-6
電話（03）3255-9611（営業）・（03）3255-9614（編集）
振替　00180-6-24861
http://www.shunjusha.co.jp/
印刷所＝株式会社　太平印刷社
製本所＝ナショナル製本協同組合
装　丁＝岩瀬　聡

Printed in Japan, Shunjusha
ISBN 978-4-393-36642-4　C0011
定価はカバー等に表示してあります